Selbständig – die wichtigsten Fragen und Antworten
Vorwort

Selbständigkeit klingt für viele nach der ultimativen Lösung aller Probleme – insbesondere in finanzieller Hinsicht. Mit einem Schlag könnte man in eine sorgenfreie Zukunft starten. Allerdings gibt es bei der Existenzgründung auch zahlreiche Hürden, die sich Ihnen in den Weg stellen können. Umso wichtiger ist es, dass Sie sich frühzeitig Gedanken darüber machen, ob Sie diesen Weg tatsächlich einschlagen wollen. Ein Zuckerschlecken ist es nämlich nicht, selbständig zu sein. Wie der Begriff bereits aussagt, arbeiten Sie selbst und ständig. Gleichzeitig wird Ihnen ein Höchstmaß an Disziplin und Durchhaltevermögen abverlangt. Von allein generieren sich Umsätze kaum – auch, wenn Ihnen vermeintlich geniale Geschäftsideen häufig das Gegenteil versprechen.

Das Ziel dieses Buchs ist es, Sie fit für ihre Selbständigkeit zu machen und dabei den wichtigsten Fragen auf den Grund zu gehen. Es werden Ihnen Antworten geliefert; und zwar auch auf Fragen, die Ihnen womöglich bei all der positiven Einstellung zum Thema vollkommen durchgegangen sind. Leider vergessen viele Existenzgründer sehr oft, dass hinter dem Einstieg in die Selbständigkeit unglaublich viel Kraft und Aufwand stecken. Das Kapital, mit dem Sie sich im Vorfeld ausstatten müssen, ist dabei wohl noch das geringste Problem. Gerade die grundlegenden Themen, wie die Absicherung Ihres Unternehmens, Ihre persönlichen

Rücklagen und die Wirtschaftlichkeit des Konzepts gehen häufig unter. Dabei ist es elementar wichtig, all diese Bereiche zu keinem Zeitpunkt aus den Augen zu verlieren.

Was kann das Buch also für Sie tun? Es dient im Grunde genommen als eine Art Leitfaden für alle, die ihre eigene Selbständigkeit planen – und die Ihre Ideen bereits umgesetzt haben. Auch in den ersten Jahren kann es nämlich nicht schaden, sich intensiv mit diesen Fragen und Antworten auseinanderzusetzen, die Ihnen auf den folgenden Seiten geboten werden. Unser Ziel ist es, einen "Aha-Effekt" zu bewirken, da auch nach einigen Geschäftsjahren noch immer Fragen offen sein können.

Bewusst wurde das Begleitbuch in mehrere Kapitel unterteilt. So können wir die wichtigsten Teilbereiche der Selbständigkeit deutlich voneinander differenzieren; angefangen bei den ersten Ideen und Beweggründen, bis hin zu elementaren Bereichen wie der Absicherung. Schritt für Schritt sollen Sie an all die Themen herangeführt werden, die mit der Planung eines eigenen Betriebs einhergehen. Dabei geht es vor allen Dingen darum, Ihnen ein Gefühl der Sicherheit zu vermitteln und Ihnen leicht verständlich zu erklären, worauf Sie in den Anfängen Ihrer Existenz besonders achten müssen. Nun wünschen wir Ihnen viel Spaß beim Lesen und hoffen, Ihnen zumindest ein wenig die Augen öffnen zu können.

Inhalt

Kapitel 1 – Welches Ziel verfolge ich mit der Selbständigkeit? 6

Kapitel 2 – der Einstieg in die Selbständigkeit 28

Kapitel 3 – Verschiedene Selbständigkeiten möglich 70

Kapitel 4 – richtig werben 106

Kapitel 5 – der finanzielle Aspekt 135

Kapitel 6 – richtig versichern 166

Kapitel 7 – Einnahmen und Ausgaben im Blick 202

Kapitel 8 – die ersten Jahre 228

Kapitel 9 – die schlimmsten Fehler 247

Schlusswort 277

Impressum 280

Kapitel 1 – Welches Ziel verfolge ich mit der Selbständigkeit?

In diesem Kapitel erwartet Sie im Grunde genommen ein kleiner Test. Viele Existenzgründer gehen her und starten in eine ungewisse Zukunft als Selbständige. Warum? Weil Sie sich über die Konsequenzen ihrer Entscheidung überhaupt nicht im Klaren waren, und weil die Beweggründe nicht so aussehen, wie es eigentlich der Fall sein sollte. Deshalb unser Rat: Gehen Sie ruhig einige Tage respektive Wochen lang in sich und denken Sie genau darüber nach, ob Sie die Verantwortung für ein eigenes Unternehmen tatsächlich tragen möchten.

Die ersten Jahre selbständig zu sein, bedeutet in der Regel: Durchhaltevermögen beweisen und am Existenzminimum leben. Besitzen Sie wirklich genügend Rücklagen, um dieses Risiko eingehen zu können? Steht Ihre Familie voll und ganz hinter der Geschäftsidee? Diese und viele weitere Fragen müssen bei der Planung unbedingt im Fokus stehen. Das Konzept und die spätere Umsetzung sollten Sie zumindest so lange hinten anstellen, bis Sie die persönlichen Themen für sich selbst klar haben. Eine Idee zwischen Tür und Angel oder schlimmstenfalls am Kneipentisch mag sich nett anhören, führt aber in der Regel zu nichts – vor allen Dingen dann nicht, wenn Sie nicht voll und ganz hinter ihr stehen und zumindest eine Ahnung haben, wie Sie den Traum vom eigenen Unternehmen tatsächlich verwirklichen können.

Haben Sie sich schon einmal gefragt, warum Sie überhaupt über eine Selbständigkeit nachdenken? Bedenken Sie bei all Ihren Ideen: Wo geniale Konzepte sind, da gibt es auch Stolpersteine, die Sie bewältigen müssen. Tatsächlich kann man nicht abstreiten, dass sich wirtschaftlich viele Möglichkeiten bieten, wenn ein Unternehmen erst einmal ordentlich läuft. Nach oben Sind Ihnen kaum Grenzen gesetzt. Doch bevor Sie vom eigenen Haus, einem Luxusschlitten und der Yacht träumen dürfen, vergehen mitunter etliche Jahre – wenn nicht sogar Jahrzehnte. Sicherer ist es allemal, sich in ein Angestelltenverhältnis zu begeben. Dort gehen Sie finanziell keinerlei Risiko ein, müssen nicht jeden Monat auf Einkommen hoffen und wissen genau, was am 1. auf Ihrem Konto landet. Diese Sicherheit würden Sie durch eine Selbständigkeit aufgeben. Mit diesem Bewusstsein gewappnet, dürfen Sie natürlich gerne die weiteren Abschnitte und Kapitel durchforsten. Sicherlich haben Sie ohnehin schon einen Entschluss gefasst und sind ganz wild darauf, sich mit den "Formalitäten" zu beschäftigen.

Wir sehen es trotz aller Euphorie als unsere Pflicht an, Sie mit gängigen Fragen zu konfrontieren, die Ihre Beweggründe betreffen. Warum wollen Sie sich tatsächlich selbständig machen? Sind Ihre Erwartungen an die ersten Geschäftsjahre möglicherweise viel zu hoch angesetzt? Um erfolgreich in ein Business einsteigen zu können, braucht es eben nicht ausschließlich Disziplin, sondern auch unbedingt eine gute Selbsteinschätzung. Gehen Sie in sich und überlegen Sie, was Sie von Ihrem ins Auge gefassten Unternehmen erwarten – und vor allen Dingen, ob die von Ihnen gesteckten Ziele innerhalb eines gewissen Zeitraums erreichbar sind. Je niedriger Sie Ihre Erwartungen setzen, desto geringer ist schlussendlich die Enttäuschung, sollten Pläne und Konzepte nicht gleich einschlagen wie eine Bombe.

Damit ein Unternehmen auch langfristig Erfolg hat, braucht es einen Gründer, der stark genug ist, sich selbst zurückzuhalten und sprichwörtlich "kleine Brötchen" zu backen. Die meisten Fehler passieren schon in den Anfängen, denn statt sich mit grundlegenden Fragen zu befassen, beginnen viele Jungunternehmer damit, sich ein konkretes Konzept zu überlegen. Meist scheitert es bereits an der Ausführung, denn wenn die Ausdauer fehlt, hat alles andere im Endeffekt keinen Stellenwert. Der Rat mag ein wenig verrückt klingen: Schauen Sie fern! So sinnlos manche Sendungen auch erscheinen mögen, so viel können Sie über den Erfolg und das Scheitern von Selbständigen lernen. Menschen ohne Know-how und wesentliche Vorbereitung eröffnen Restaurants, starten ein Online Business und versagen am Ende auf ganzer Linie. Schon muss ein Retter in der Not her, der versuchen darf, das Ruder doch noch rum zu reißen – mit mehr oder weniger durchschlagendem Erfolg.

Bedenken Sie beim Anschauen der Sendungen, dass Sie ganz schnell in derselben Position landen können; alles nur, weil Sie sich nicht vorher intensiv auseinandergesetzt haben. Das Konzept hat Zeit, solange Sie nur wissen, ob Sie bereit für dessen Umsetzung sind. Der Rest ergibt sich im Grunde genommen fast von allein. Geht es um Internetgeschäfte, so wird einem häufig versprochen, jeder habe das Zeug für ein eigenes Unternehmen. Das ist für unsere Begriffe völliger Humbug, denn wenn dem so wäre, gäbe es auf der Welt nur noch Selbständige; Menschen, die sich allein durchbeißen und die Verantwortung für Mitarbeiter sowie Finanzen übernehmen können und wollen.

Im Folgenden möchten wir Ihnen verschiedene Fragen zu bedenken geben, die Sie unbedingt auf sich wirken lassen sollten. Die Antworten mögen noch so simpel klingen, sind aber für die Existenzgründung unerlässlich. Ganz bewusst fangen wir mit diesem Einstieg an und gehen nicht gleich auf mögliche Umsetzungen verschiedener Konzepte ein. Schließlich wollen wir Ihnen dabei helfen, sich erst einmal auf die Frage einzulassen, ob Sie überhaupt für eine Selbständigkeit geeignet sind.

Die Selbständigkeit als Notlösung?

Haben Sie sich schon Gedanken darüber gemacht, warum Sie unbedingt in die Selbständigkeit wollen? Die meisten Menschen, mit denen wir in der Vergangenheit in Kontakt getreten sind, hatten eher kurzsichtige Begründungen für die Existenzgründung zu bieten. Zum Beispiel wird sich vom eigenen Unternehmen finanzielle Unabhängigkeit erhofft – und das am besten innerhalb weniger Monate. Sicherlich ist nicht von der Hand zu weisen, dass die wirtschaftlichen Aussichten weit besser sind als bei Angestellten im mittleren Einkommensbereich. Mehr als 1300 Euro netto, den Durchschnittsverdienst eines jungen Mitarbeiters, können Sie mit dem richtigen Unternehmenskonzept sicherlich erzielen. Dies gilt allerdings erst auf lange Sicht, denn am Anfang stehen insbesondere eine ganze Reihe notwendiger Investitionen.

Es gibt sicherlich Wege, sich ohne großes Kapital selbständig zu machen. Doch auch in diesen Fällen müssen Sie sich gut überlegen, warum es Ihnen so wichtig ist, Ihr eigener Chef zu werden. Sind Sie tatsächlich nur aus kurzsichtigen Beweggründen an dieser Lösung interessiert, ist sie in der Regel zum Scheitern verurteilt. Man sollte eben nie etwas wagen, ohne dabei über die langfristigen Konsequenzen nachgedacht zu haben. Der Traum vom großen Geld mag zwar verlockend erscheinen, ist aber in der Regel nur eine Seifenblase, wenn Sie der Ansicht sind, das Ziel bereits in kurzer Zeit erreichen zu können.

Selbständig aus der Arbeitslosigkeit

Einer der häufigsten Gründe für eine Existenzgründung ist die bestehende Arbeitslosigkeit. Mit dem Einstieg in ein eigenes Unternehmen eröffnen sich vollkommen neue Chancen, dem Alltag ohne großes Budget ein- für allemal zu entkommen. Und das Beste daran ist, dass Sie in dieser Situation mehr als genug Zeit hätten, alles bis ins Detail vorzubereiten. Hinzu kommen finanzielle Hilfsmittel zum Einsatz – Stichwort "Gründerdarlehen". Letztlich ist aber nicht jeder Arbeitslose automatisch dazu geeignet, einen eigenen Betrieb zu öffnen und diesen gegebenenfalls sogar mit Mitarbeitern zu führen. So einfach die Existenzgründung zunächst erscheinen mag, so viele Risiken verbergen sich dahinter.

Ist es Ihr erklärtes Ziel, der Arbeitslosigkeit durch eine Geschäftsidee zu entfliehen, dann müssen Sie auf jeden Fall am Ball bleiben und dürfen nicht so schnell aufgeben – es lohnt sich! Eine Notlösung sollte die Selbständigkeit auf keinen Fall sein. Vielmehr müssen Sie voll und ganz hinter Ihrer Idee stehen und alles daran setzen, sie in einem festgelegten Zeitraum zu verwirklichen. Setzen Sie sich dabei aber nicht zu sehr unter Druck. Die

Arbeitsämter sind oftmals gute Berater und kennen sich gerade auf diesem Gebiet recht gut aus. Allein auf den Bearbeiter sollten Sie dennoch nicht Ihr Vertrauen setzen. In den weiteren Kapiteln verraten wir Ihnen, wo Sie kompetente Unterstützung bei der Verwirklichung Ihrer Träume und Ziele bekommen.

Langfristig denken

Kurzfristig mag Sie die Selbständigkeit vielleicht bei Laune halten. Sie stehen vollkommen neuen Herausforderungen gegenüber und können endlich allen beweisen, was in Ihnen steckt. Das allein sollte aber ebenfalls nicht der einzige Beweggrund dafür sein, eine Existenz zu gründen. Denken Sie unbedingt an all die Arbeit und Ausdauer, die Ihnen der eigene Betrieb abverlangt; auch, wenn es sich dabei ausschließlich um ein Franchise Konzept, eine freiberufliche Tätigkeit oder eine kleine Ich-AG handelt. Je mehr Verantwortung Sie für Mitarbeiter und dergleichen tragen müssen, desto länger muss Ihr Atem bei der Umsetzung sein. Auch hier können wir nur dazu raten, sich auf viele Jahre einzustellen, in denen Sie weder Freizeit noch Urlaub für sich beanspruchen können.

Ein netter Grundgedanke, den wir häufiger zu hören kriegen: "Wenn ich mich selbständig mache, komme ich

schnell zu Geld, und obendrein bin ich meinen Chef los."
Unsere Antwort auf diese Aussage mag Sie überraschen, doch wer kurzfristig flüssig sein möchte, der sollte eher ein paar seiner Wertgegenstände verkaufen, anstatt gleich so eine große Verantwortung auf sich zu nehmen. In der Not greifen viele nach dem Strohhalm Selbständigkeit, doch die Gefahr abzurutschen ist genauso groß wie die Chance auf eine bessere Zukunft.

Greifen Sie zu – wenn Sie bereit sind

"Jeder ist seines Glückes Schmied". Dieses Motto sollten Sie verinnerlicht haben, bevor Sie sich in das Projekt stürzen. Da sehr viel mehr mit einer Selbständigkeit einhergeht als eine gute Geschäftsidee, sollten Sie keine Kurzschlusshandlungen durchführen. Nehmen Sie sich Zeit, um sich ganz genau zu überlegen, was Sie wollen und wann Sie Ihre Ziele erreichen möchten. Daneben kann es natürlich nicht schaden, sich schon jetzt über weitere Fragen Gedanken zu machen und sich mit den möglichen Problemen zu befassen, die unter Umständen auf Sie zukommen können.

Sollte Ihnen bereits jetzt aufgefallen sein, dass Sie nur nach einer Notfalllösung Ihrer finanziellen Schwierigkeiten gesucht haben, dann wird es an dieser Stelle Zeit zum Umdenken. Sind Sie wirklich der Typ

Mensch, der sich jahrelang durchbeißen und sein Unternehmen zu Erfolg führen kann. Können Sie Pläne in die Tat umsetzen und gut verkraften, wenn etwas nicht nach Plan läuft? Dann lesen Sie jetzt weiter und finden Sie Antworten auf all die Fragen, die Ihnen durch den Kopf gehen!

Gut durchdacht – bin ich fit für die Selbständigkeit?

Wir wissen natürlich nicht, welcher Charakter vor dem Buch sitzt und sich mit den vielen Fragen rund ums Thema Selbständigkeit beschäftigt. Auch können wir Ihnen keine pauschale Antwort auf die Frage geben, ob Sie der Typ Mensch für ein eigenes Unternehmen sind. Dieser Frage müssen Sie letztlich ganz allein auf den Grund gehen. Unser Tipp deshalb: Nutzen Sie Ihr persönliches Umfeld, um Antworten zu finden!
Sicherlich sind Familienmitglieder nicht unbedingt die besten Berater. Hoffen wir dennoch darauf, dass Ehepartner, Kinder und Eltern fair genug sind, Ihre Ideen kritisch zu beurteilen und Ihnen dabei zu helfen, sich selbst besser einschätzen zu lernen. Nimmt Sie Ihre Frau / Ihr Mann ernst, wenn Sie mit Ideen daherkommen? An diesem kleinen Test können Sie bereits jetzt herausfinden, ob sich die Familie als Unterstützung bei Ihrer Planung eignet.

Sie sollten sich auch die Frage stellen, ob Sie alles mitbringen, was man als Geschäftsführer braucht; auch dann, wenn Sie lediglich ein Einmann-Betrieb werden möchten. Wichtigste Eigenschaften für jemanden, der ein Unternehmen leiten will, sind unter anderem

- Führungsqualitäten

- Konsequenz

- Biss (sollte etwas nicht sofort laufen)

- Individualität

- Innovation

- Fähigkeit, schnell umzudenken

- Kritikfähigkeit

Fragen Sie Freunde und Verwandte

Sie werden im Zuge Ihrer Existenzgründung auf äußerst kritische Mitmenschen stoßen – allen voran Banken und private Kreditgeber, die Sie ganz genau unter die Lupe nehmen müssen. Bevor Sie sich der großen Herausforderung stellen, fragen Sie am besten Ihre

Familie und Freunde, ob Sie für einen Einstieg ins Business bereit sind. Sich selbst richtig einschätzen zu können, ist eine Kunst für sich. Deshalb vertrauen Sie auf die Menschen, mit denen Sie sich täglich umgeben. Nimmt man Sie wirklich ernst? Haben Ihre Verwandten Vertrauen in Ihre Führungsqualitäten? Wie schätzen Freunde Ihr Talent ein, zuzuhören und in schwierigen Situationen zu agieren? Können Sie umdenken, wenn es die Situation erfordert? All diesen Fragen geht man am besten mit Menschen auf den Grund, die es wissen müssen.

Fit für die Selbständigkeit zu sein bedeutet nicht, ein gewisses Alter zu haben oder aber Erfahrung auf dem Gebiet mitzubringen. Das Know-how in dem ausgewählten Business kommt von selbst – wenn Sie erst einmal begonnen haben, Ihre Pläne umzusetzen. Sowohl mit 18 als auch mit 50 kann man im Endeffekt startklar für eine eigene Existenz sein. Letztlich geht es um viel mehr als das, was auf der Geburtsurkunde steht. Von Kritik zu Ihrem Alter sollten Sie sich auf keinen Fall abhalten lassen.

Fassen Sie Ideen zusammen

Sie können sich natürlich selbstkritisch mit der Frage beschäftigen, ob die Selbständigkeit das Richtige für Sie ist. Dazu stellen Sie einfach eine Liste mit Themen und Ideen zusammen. Wie würden Sie Ihre Ziele angehen, womit starten Sie? Es genügt für den Anfang vollkommen, sich über Konzepte und deren Umsetzung zu informieren. Bleiben Sie dabei jedoch unbedingt realistisch, denn eine Existenzgründung erfordert neben dem gewissen Biss eben auch Know-how in der Branche, auf die de Entscheidung fällt. Es kann sicher nicht schaden, gleich mehrere "Lösungswege" zu notieren und diese den Menschen zu zeigen, denen Sie vertrauen. Möglicherweise stehen Sie sogar in Kontakt zu Geschäftsleuten und können sich dort ein paar Tipps für den Einstieg holen.

Haben Sie Ihre Ideen erfasst, wird es Zeit, sich mit Ihren Kernkompetenzen auseinanderzusetzen. Können Sie tatsächlich mehr als 50 Stunden pro Woche investieren, um Ihre Ziele zu erreichen? Haben Sie die Traute, sich bei finanziellen Fragen an Fachleute zu wenden – auch gesetzt dem Fall, Sie würden für Ihre mögliche Leichtgläubigkeit scharfe Kritik ernten? Eine der wichtigsten Tugenden ist tatsächlich die Kritikfähigkeit, denn nicht jeder wird Sie grundsätzlich für Ihre Ideen loben; zumindest dann nicht, wenn es sich um ein ehrliches Gegenüber handelt, das Ihnen kritisch alle Bedenken aufzeigt.

Stellen Sie das Konzept Ihrem Umfeld vor

"Ich möchte selbständig als ... werden." Die Idee allein ehrt Sie, denn Sie sind immerhin soweit, sich ans Eingemachte heranzuwagen und Ihren Weg zu beschreiten. Doch ein festes Ziel allein reicht nicht aus. Zum Konzept gehört auch, sich zu überlegen, wie genau Sie in die Selbständigkeit kommen. Zeigen Sie Ihrem direktem Umfeld, dass Sie über mögliche Gefahren nachgedacht, sich mit finanziellen Hürden beschäftigt und genau geplant haben, was im Falle eines Falles für Absicherung sorgt – zum Beispiel Kredite, das feste Einkommen des Partners und dergleichen. Ziehen Sie immer in Erwägung, dass Sie scheitern könnten, und erstellen Sie dafür einen Notfallplan.

Wer fit für eine Existenz ohne Chef ist, der kennt sich auch mit weitreichenden Konsequenzen aus und hat genau im Blick, welche Eventualitäten den Startschuss erschweren könnten. Beweisen Sie deshalb vor allen Dingen sich selbst, dass Sie ein Mensch mit Weitsicht sind, der auch dem größten Widerstand etwas entgegenzusetzen hat. In den folgenden Themenbereichen können Sie sich außerdem mit Fragen beschäftigen, die Ihre Kompetenzen und den Sinn einer Selbständigkeit betreffen.

Ist es wirklich besser, selbständig zu sein?

Nie wieder ein fordernder Chef, der Ihnen Tag für Tag auf die Füße tritt – diesen Traum haben sicherlich viele Existenzgründer. Endlich finanziell unabhängig werden, selbst entscheiden, ob und wann Sie Ihrem Job nachgehen. Grundsätzlich haben Menschen mit dieser Einstellung sogar Recht – wären da nicht die berüchtigten Haken an der Sache. Ist es also wirklich besser, sich selbständig zu machen und das Angestelltenverhältnis hinter sich zu lassen. Die Frage muss erlaubt sein, denn wie schon erwähnt, gehen Existenzgründer gerade in den ersten Jahren ein immenses wirtschaftliches Risiko ein. Anders als mit einem festen Arbeitsvertrag müssen Sie als Selbständiger zwar keinem Chef nachhängen, tragen dafür aber wesentlich mehr Verantwortung; für Ihre Räumlichkeiten, den Fluss von Umsatz und nicht zu vergessen für Mitarbeiter, die Sie je nach Art des Unternehmens früher oder später werden einstellen müssen.

Haben Sie sich mit der Frage, ob Sie fit für die Selbständigkeit sind, befasst, kann man Ihnen schon jetzt gratulieren. In vielen Punkten ist es tatsächlich angenehmer, sein eigener Chef sein zu dürfen. Anderseits sollten Sie auch die Nachteile nicht gänzlich ausblenden, denn genau das würde sich nach einiger Zeit rächen. Was die Sicherheit angeht, sind Sie als fester Mitarbeiter eines gutgehenden Betriebs sicherlich gut beraten. Allerdings werden Sie dort recht schnell an die Einkommensgrenzen geraten. Der Traum vom Eigenheim, der Weltreise und anderen Annehmlichkeiten lässt sich bei den heutigen Verdienstmöglichkeiten leider nur noch selten verwirklichen.

Vorteile einer Selbständigkeit

Wenn Sie über genügend Disziplin verfügen und sich selbst immer wieder aufs Neue motivieren können, dann bietet eine Selbständigkeit zahlreiche Vorteile. Sie selbst entscheiden, wann und wo Sie arbeiten, wie Sie Ihre Öffnungszeiten gestalten. Außerdem nehmen Sie ganz persönlich Einfluss darauf, ob das Unternehmen nach Plan läuft. Beispielsweise ist es Ihre Aufgabe, sich mit potentiellen Kunden auseinanderzusetzen. Niemand wird dazwischenfunken, wenn es um die Konzeptionierung von Marketingstrategien geht. Der Chef mag vielleicht altbacken sein, doch damit ist jetzt Schluss. Sobald Ihnen ein eigener Betrieb gehört, entscheiden Sie, in welche Richtung der Wind weht.

Arbeiten Sie viel und können Kunden von sich überzeugen, dann sind dem Jahresumsatz nach oben keinerlei Grenzen gesetzt. Oder haben Sie schon von Angestellten gehört, die ihre erste Million unter irgendeinem cholerischen Chef erwirtschaftet haben? Natürlich nicht! Gerade was die wirtschaftliche Seite der Medaille angeht, ist es einfach angenehm, selbständig sein zu dürfen – vorausgesetzt natürlich, das von Ihnen erstellte Konzept geht am Ende so auf, wie Sie es sich erhofft hatten. Sie bestimmen außerdem, welche Kunden Sie mit Ihrer Idee ansprechen wollen, müssen sich folglich nicht mehr mit mürrischen Menschen umgeben, denen man es ohnehin nie Recht machen kann.

Gefahren nicht unterschätzen

Euphorie ist bei der Planung einer Existenz nicht unbedingt der beste Berater. Läuft alles gut, dann ist es durchaus rentabel, sich selbständig zu machen. Im Vergleich zur Position als angestellter Mitarbeiter müssen Sie aber letztlich auch eine Vielzahl an möglichen Gefahren bedenken, die auf Sie zukommen können. Gerade in den ersten Jahren sind diverse Investitionen erforderlich, die Ihr Budget schnell verschlingen werden. Haben Sie sich verschätzt, kann es mitunter passieren, dass Sie Ihren Traum vorzeitig aufgeben müssen. Die Selbständigkeit ist gerade deshalb so rentabel, weil Sie mit den besagten Risiken einhergeht. Es bedarf schlussendlich jeder Menge Mut, sich ins "Abenteuer Existenz" zu stürzen.

Wie weitreichend die möglichen Gefahren letztlich sind, hängt vor allen Dingen von Art und Umfang der geplanten Selbständigkeit ab. Wer beispielsweise "nur" freiberuflich in den künstlerischen Bereich einsteigen und sich von Agenturen unabhängig machen möchte, der hat finanziell nicht so viel zu befürchten wie jemand, dessen Ziel es ist, eine eigene Spedition oder ein Restaurant auf die Beine zu stellen. Um die Risiken besser abwägen zu können, empfiehlt sich ein Gespräch mit Selbständigen, die die Erfahrungen bereits gemacht haben – oder aber mit Unternehmensberatern, die auf diese Fragen spezialisiert sind.

Selbständig contra angestellt

Hat man sich erst einmal in den Kopf gesetzt, ein neues Leben mit eigenem Unternehmen zu beginnen, dann sollte die Frage nach dem Pro und Contra nicht mehr im Fokus stehen. Spätestens jetzt ist es an der Zeit, sich mit weit wichtigeren Themen auseinanderzusetzen, um sich bestmöglich auf die nächsten Schritte vorzubereiten. Im Endeffekt hat das Angestelltenverhältnis lediglich den Vorteil, dass es eine gewisse Sicherheit bietet. Sie müssen keine Risiken für den Ausfall von Umsatz tragen, und auch Kosten fallen nicht an – wie zum Beispiel für eine Raumpacht, eigene Angestellte und dergleichen.

Aber mal ehrlich: Welcher Job ist heutzutage noch sicher? Wenn Sie langfristig erfolgreich sein wollen, dann müssen Sie gewisse Risiken eingehen. Ein perfekt durchgeplantes Konzept vorausgesetzt, kann es sich absolut lohnen, dem Chef "Lebewohl" zu sagen und sich auf etwas Eigenes zu fokussieren. Letztlich werden Sie es genießen dürfen, eine Existenz geschafft zu haben, ohne dass Ihnen jemand den Weg vorgegeben und Sie jahrelang umhergescheucht hat.

Lohnt Selbständigkeit überhaupt noch?

Wenn man sich anschaut, wie viele Läden in den vergangenen Jahren Pleite gegangen sind, dann darf man sich ruhig fragen, ob es überhaupt noch lohnt, den Schritt in die Selbständigkeit zu fragen. Eine klare Antwort zu liefern, wäre vermutlich der falsche Ansatz. Es kommt eben immer auf die Situation und die Branche an, in der sich Existenzgründer behaupten wollen. Friseursalons, Kneipen und Restaurants gibt es inzwischen wie Sand am Meer. Sich in diese Bereiche zu wagen, wäre wie ein Gang auf sehr dünnes Eis. Die Gefahr, an der Idee zu scheitern, ist hier besonders hoch. Finden Sie allerdings eine Nische, etwas, das es noch nicht gegeben hat und wonach abertausende potentielle Kunden förmlich schreien, dann lohnt sich Selbständigkeit tatsächlich auch heute noch.

Sie müssen sich wirklich gut überlegen, was Sie erreichen wollen. Geht es Ihnen darum, mit Ihrer Geschäftsidee Millionen zu erwirtschaften, oder möchten Sie lediglich ein passables Einkommen erzielen, mit dem sich eine Familie ernähren lässt? Ob und inwieweit sich die Existenzgründung rentiert, hängt vor allen Dingen von Ihren persönlichen Vorstellungen ab. Je mehr Sie wollen, desto einzigartiger muss Ihr Konzept am Ende sein- und es muss bei Kunden einschlagen wie eine Bombe.

Selbständigkeit damals und heute

Die Ansprüche der Menschen haben sich in den vergangenen Jahrzehnten deutlich geändert. Wer in den 70er und 80er Jahren eine Kneipe aufgebaut hat, konnte sich fast sicher sein, mit seiner Existenz Erfolg zu haben. Heute reihen sich diese Etablissements wie Pilze aneinander. Genauso geht es vielen Branchen, wie dem Verleih von Baumaschinen und Gerüsten, Schnell- und Edelrestaurants, Friseuren, Drogerien und vielen weiteren Branchen. Was vor 50 Jahren funktionierte, gibt es heute leider wie Sand am Meer. Es ist also eine der größten Herausforderungen, genau das zu finden, das Menschen wollen und das es noch nicht an jeder Ecke gibt.

Aus verschiedenen Gründen war es früher deutlich leichter, mit einer Selbständigkeit erfolgreich zu werden. Zwar mussten sich Existenzgründer auch damals schon Gedanken machen, doch die Märkte waren bei Weitem nicht so ausgeschöpft wie sie es heute sind. Gerade wenn Sie für Ihr Unternehmen Personal brauchen, müssen Sie weiter denken als bis zur Eröffnung der Räumlichkeiten. Ist die Nachfrage groß genug, gibt es bereits geschultes Personal in diese Richtung, und erreichen Sie wirklich ein Einzugsgebiet, das Ihre Kosten am Ende decken wird? Das sind nur drei von vielen Fragen, die heute wesentlich elementarer sind als noch vor einigen Jahrzehnten.

Die richtige Planung ist wichtig

Damit sich die Existenz langfristig für Sie lohnen kann, müssen Sie sie bis ins letzte Detail durchplanen. Fangen Sie vor allen Dingen bei Bereichen wie den notwendigen Investitionen an – auch mit Hinblick auf Folgekosten, wie zum Beispiel Mieten für Räumlichkeiten und Personal. Wirtschaftlichkeit ist das Stichwort für die Frage, ob sich das Unternehmen rentiert, beziehungsweise ob es überhaupt Sinn macht, sich in der heutigen Zeit selbständig zu machen. Utopie und Tagträumereien sind beim Planen Ihres Unternehmens vollkommen fehl am Platze. Rechnen Sie Kosten lieber ein wenig großzügiger ein als vermutet, um sich ein finanzielles Polster zu schaffen. Das Plus ist am Ende das, was für Sie zählt.

Es gibt auch in der heutigen Zeit noch Jungunternehmer, die im Handumdrehen ein kleines Vermögen erwirtschaften. Bestes Beispiel ist vermutlich der Gründer der bekannten Community Facebook. Mit seinem Konzept konnte er nicht nur Investoren für sich gewinnen, sondern er verbindet inzwischen die gesamte Welt. Und er ist bei Weitem nicht der einzige, dessen Plan aufgegangen ist. Kreativität vorausgesetzt, kann sich eine Selbständigkeit auch für Sie lohnen. Dennoch sollten Sie nicht gleich einen Höhenflug bekommen beim Gedanken an die erste Million. Sie liegt nämlich noch in weiter Ferne.

Mit der perfekten Idee selbständig machen

Ideen können gut oder schlecht sein. Idealerweise haben Sie die perfekte Idee für ein eigenes Unternehmen bereits auf Lager. Perfektionismus ist eine Charaktereigenschaft, die im Business nicht schaden kann; aber die oftmals auch Nachteile mit sich bringt. Ist der Plan gut, lohnt sich die Selbständigkeit ganz bestimmt. Doch wer kann Ihnen schon jetzt sagen, ob Sie perfekte Ideen haben? Letztlich braucht es Mut zum Risiko, denn ohne geht es im Geschäftsleben leider nicht. Hellseherische Fähigkeiten würden wir Ihnen zwar wünschen, doch wenn Sie keine haben, müssen Sie auf Ihre Intuition vertrauen und es ab und zu einfach mal drauf ankommen lassen.

Angst ist kein guter Berater, wenn Sie es zu etwas bringen wollen. Genau deshalb haben Sie sich vermutlich auch für dieses Buch entschieden. In den nächsten Kapiteln geht es nämlich um elementarere Fragen, die Ihnen dabei helfen, den Start in eine neue Existenz zu wagen. Lassen Sie die Eindrücke ruhig ein wenig auf sich wirken. Zweifel sind vollkommen normal, dürfen Sie aber nicht davon abhalten, Ihre Träume zu verwirklichen. Vor allen Dingen die Bereiche Finanzen, Steuern und Existenz-Hilfen werden Sie interessieren. Mit den richtigen Unterstützungen auf Ihrer Seite können Sie nicht nur sich selbst überzeugen, sondern treffen im besten Fall gleich ein breites Publikum an potentiellen Kunden genau dort, wo es diese brauchen. Sie müssen lernen, Ihrer Zielgruppe jeden Wunsch von den Augen abzulesen; egal, ob Sie Pommes verkaufen oder Hubschrauber-Reparaturen anbieten wollen.

Kapitel 2 – der Einstieg in die Selbständigkeit

Bei der Existenzgründung ist es genauso wie in vielen Bereichen des Lebens: Der erste Schritt ist immer der schwerste. Ihn zu schaffen, das gehört zu den größten Herausforderungen, die Sie in den kommenden Jahren zu bewältigen haben. Kapital ist vor allen Dingen dann wichtig, wenn Sie planen, ein Unternehmen in gewisser Größenordnung auf die Beine zu stellen. Häufig stellen sich Jungunternehmer aber selbst viele Steine in den Weg, die es eigentlich gar nicht geben müsste. Brauchen Sie tatsächlich die neuste Technologie, oder genügen für den Anfang einfache Computer und Drucker? Muss es wirklich die Fernsehwerbung sein, die Ihr Unternehmen vorantreibt? Flyer erhalten Sie schließlich schon für ein paar hundert Euro.

Das Wichtigste, das es im Bereich der Selbständigkeit zu lernen gibt, ist Bescheidenheit. Große Sprünge können sich in der Regel nur die wenigsten Existenzgründer leisten. Unabhängig von den finanziellen Gegebenheiten ist es ganz angenehm, nicht gleich ein Vermögen in das Ziel zu investieren, sondern es langsam angehen zu lassen. Sollte die Selbständigkeit aus irgendwelchen Gründen doch scheitern, erspart man sich durch Bescheidenheit in den Anfängen jede Menge Frust – gerade weil jede Gründung immer mit gewissen Risiken einhergeht, die sich nicht abschätzen lassen.

Fangen Sie in Ruhe an

In vier Wochen der erste Firmenwagen, und nach drei Monaten haben Sie genug Geld, um mindestens 10 Angestellte zu bezahlen. Natürlich wäre es Ihnen zu wünschen, dass sich der Erfolg möglichst schnell einstellt. Die Erfahrung überzeugt uns jedoch immer wieder vom Gegenteil. Genau deshalb sollten Sie sich ausschließlich kleinere Ziele stecken, die sich realistisch erreichen lassen. Wie wäre es zum Beispiel mit ein paar Kunden, die Sie innerhalb des ersten halben Jahres generieren, und die Sie gerne weiterempfehlen? Sollte der Ansturm größer sein als erwartet: umso besser!

Bevor Sie gleich in die Vollen gehen, machen Sie sich Gedanken darüber, was Sie überhaupt wollen. Bedenken Sie, dass jede Selbständigkeit Kraft kostet. Bis sich erste lohnenswerte Ergebnisse einstellen, dauert es durchaus einige Jahre. Manche Unternehmen schaffen es nicht einmal nach Jahrzehnten, den Erfolg in die richtige Bahn zu lenken und Umsätze zu generieren, die Jubelschreie rechtfertigen zu würden. Wenn Ihre Idee mehr ist als ein Plan, wenn Sie Ihre Träume in die Tat umsetzen möchten, dann halten Sie unbedingt daran fest. Irgendwann wird Ihre Hartnäckigkeit im Business garantiert belohnt – versprochen!

Planen Sie gründlich und vorausschauend

Es ist gerade für junge Existenzgründer nicht einfach, alle Eventualitäten im Blick zu behalten. Schließlich gibt es immer wieder Stolpersteine, mit denen selbst ein erfahrener Geschäftsmann kaum rechnen kann. Genau deshalb ist es umso wichtiger, sich Zeit bei der Planung Ihres Unternehmens zu lassen. Fangen Sie nicht gleich damit an, Pläne für die Zukunft zu schmieden und sich auszurechnen, welchen Urlaub Sie in einem Jahr buchen könnten. Seien Sie sich grundsätzlich der Tatsache bewusst, dass Sie nur erfolgreich sein können, wenn Sie Ihr Ziel mit Biss verfolgen. Eine gute, gründliche Planung ist bei jedem Business das A und O. Es geht schon mit den einfachsten Bereichen los, wie zum Beispiel der Überlegung, welche Zielgruppe Sie ansprechen möchten.

Vorausschauend zu planen ist keine Kunst, die mit Hellseherei zu tun hat. Dennoch verlangt Unternehmern das Vorhersehen von Hürden, möglichen finanziellen Schwierigkeiten und dergleichen sehr viel ab. Sollte die notwendige Erfahrung gänzlich fehlen, so kann es sinnvoll sein, sich an Fachleute auf diesem Gebiet zu wenden. An dieser Stelle seien Unternehmensberater erwähnt. Auch gibt es spezielle Stellen, die sich auf Existenzgründer und deren Unterstützung spezialisiert haben. Hier wird Ihnen genau erklärt, ob und wie sich Ihr Konzept realistisch umsetzen lässt.

Große Sprünge sind nicht drin

"Mein Haus, mein Auto, mein Boot." Diese Aussage werden Sie von einem Existenzgründer, dessen Selbständigkeit gerade erst begonnen hat, garantiert nicht hören. Ausnahmen bestätigen zwar die Regel, doch im Grunde genommen dürfen Sie keine zu großen Erfolge erwarten – schon gar nicht in den ersten Geschäftsjahren. Der Urlaub muss allein deshalb warten, weil Sie als neuer, eigener Chef viel zu viel arbeiten müssen als dass Sie Zeit für eine Reise hätten. Sofern Sie Träume haben, sollten Sie diese ruhig aufschreiben. Eine Motivationshilfe, auch in harten Zeiten durchzuhalten, kann schließlich nicht schaden. Legen Sie den Zeitraum, in welchem Sie all das erreichen möchten, aber nicht zu knapp fest. Innerhalb von fünf Jahren können Sie sicher davon ausgehen, dass das Unternehmen halbwegs stabil läuft und genug Geld abwirft, um sich eine kleine Auszeit in Form von Urlaub, einen neuen Firmenwagen und dergleichen zu gönnen.

Vorhandenes Kapital sollten Sie unbedingt gut einteilen. Die neuste Technologie und ein erstklassiges Büro helfen Ihnen in der ersten Zeit kaum weiter. Schaffen Sie von

Ihrem Budget respektive einem ausgezahlten Gründerdarlehen lieber Rücklagen, um die ersten Monate sicher über die Runden zu kommen. Junge Unternehmer neigen oft dazu, das Firmenguthaben als ihr eigenes Geld anzusehen und sich ein wenig Luxus zu gönnen. Diese Verhaltensweise bedeutet allerdings das sichere Aus für die meisten neuen Unternehmen. Üben Sie sich also unbedingt in Bescheidenheit und leben Sie vom Nötigsten. Die Zeit für große Sprünge kommt erst später – wenn alles nach Plan läuft.

Macht die Suche nach Nischen Sinn?

Sich als Friseur, mit einem Imbiss oder anderen bekannten Betriebsarten selbständig zu machen, das ist natürlich die einfachste Art der Existenzgründung. Sie brauchen sich kaum mehr als ein paar Stunden mit Ihrem Konzept beschäftigen und können im Grunde genommen gleich durchstarten – vorausgesetzt, Sie besitzen genügend Kapital. Geldgeber von einer solch überlaufenen Branche zu überzeugen, ist dabei wahrscheinlich die größte Hürde. Die Bank wird Ihnen vermutlich kein Darlehen erteilen, wenn deutlich wird, dass die Konkurrenz im Einzugsgebiet gigantisch ist. Andererseits macht ein Restaurant im Dorf mit 200 Einwohnern und ohne gute Verkehrsanbindung ebenfalls keinen Sinn. Muss man das Rad also neu erfinden, um sich erfolgreich selbständig zu machen?

Die erfolgreichsten Unternehmen sind am Ende die, deren Ideen neuartig und dennoch einfach sind. Wir Menschen sind bekanntermaßen Gewohnheitstiere. Oft fällt es schwer, sich auf neue Technologien, Konzepte und Ideen einzulassen. Die richtige Nische zu finden, ist bei der Existenzgründung also gar nicht so einfach wie gedacht. Ihr Ziel muss es sein, potentielle Kunden respektive Käufer von Ihrem Produkt oder der Dienstleistung zu überzeugen, weil sie einzigartig ist; und weil jeder davon profitiert. Bestes Beispiel dafür sind soziale Netzwerke, die noch vor einigen Jahren kaum jemand kannte. Mittlerweile kommen Millionen Nutzer nicht mehr ohne solche Seiten aus, auf denen sich 90% aller täglichen Kommunikation abspielt.

Nach Nischen suchen – so funktioniert es

Ob Sie Ihre Selbständigkeit lokal oder online planen, ist für das Finden von Nischen tatsächlich von Bedeutung. Das Internet ist schlussendlich voll von Shops, Dienstleistern und anderen Unternehmen, die logischerweise eine immense Reichweite aufweisen. Deshalb sollten auch Sie sich überlegen, was genau Sie möchten. Wollen Sie Milliarden Menschen mit Ihrer Idee erreichen, oder geht es darum, in einem gewissen Einzugsgebiet auf sich aufmerksam zu machen? Haben

Sie die Antwort vor Augen, geht es mit der Suche nach Nischen los. Dass Kneipen und Imbissbuden nicht dazugehören, versteht sich von selbst.

Nischen lassen sich am einfachsten finden, indem Sie sich selbst einige Zeit lang beobachten. Welche Bedürfnisse haben Sie im Alltag? Woran mangelt es in Ihrer Stadt oder der Region? Ist die Nachfrage nach Ihrer geplanten Idee wirklich so groß wie Sie glauben? Auch in diesem Schritt kann es helfen, das eigene Umfeld mit einzubeziehen. Je mehr Personen Sie befragen, desto näher kommen Sie der Nische. Fehlt es beispielsweise an Boutiquen, Schneidern oder dergleichen, so wird Ihnen dies früher oder später bewusst werden. Die gewählte Nische ist online in der Regel leichter umsetzbar, zumal Sie für ein Ladenlokal nicht nur wesentlich mehr Kapital, sondern auch eine Ausbildung oder zumindest Erfahrung in dem entsprechenden Bereich benötigen.

Google und Co. können helfen

Suchmaschinen haben sich in den vergangenen Jahren als beste Berater bewährt, wenn es um die Suche nach Nischen geht. Diverse Teilbereiche von Google unterstützen Sie beispielsweise dabei, herauszufinden, wie oft ein bestimmter Begriff gesucht wird, und wie viele Angebote es dazu im Netz gibt. Genau darauf sollten Sie bei Ihrem Einstieg vertrauen. Nehmen wir an, Sie eröffnen ein Geschäft für Modellflugzeuge. Überlegen Sie als erstes genau, welche Suchbegriffe für Interessenten relevant sein könnten – auch unter Berücksichtigung der Stadt, in der Sie Ihren Laden eröffnen möchten. Nun zeigt Ihnen das Programm an, wie viele Anfragen es innerhalb der letzten Stunde, Tage und Wochen gegeben hat. Gleichzeitig erfahren Sie etwas darüber, wie stark die bestehende Konkurrenz auf dem Gebiet ist.

Im Grunde genommen können Sie mit jeder beliebigen Branche genauso verfahren. Wichtig ist es, die Suchbegriffe zu kennen. Eine weitere hilfreiche Unterstützung bieten Programme, die gezielt Rechtschreibfehler und häufige Schreibweisen anzeigen. Bedenken Sie immer: Nicht jeder, der nach "Ihrem" Angebot sucht, wird dieselben Begriffe verwenden wie Sie selbst. Nutzen Sie einfache Synonym-Wörterbücher, um sich gegebenenfalls von der Konkurrenz abzuheben und schneller gefunden zu werden.

Keine Angst vor dem Unbekannten

Sie haben bereits eine zündende Idee, mit der Sie sich in die Selbständigkeit wagen wollen? Wunderbar, denn in diesem Fall ist der Anfang bereits geschafft. Sie selbst müssen von dem Erfolg Ihres Konzepts überzeugt sein. Bedenken Sie dabei immer: Die erfolgreichsten Menschen sind die, an deren Ideen anfangs niemand glaubte. Oder hätten Sie gedacht, dass man irgendwann nicht mehr ohne Computer, Programme wie Windows, Espresso-Automaten und Co. auskommen würde? Selbst, wenn Ihre Erfindung auf den ersten Blick fremd erscheint, kann es durchaus sein, dass die Menschheit in den nächsten Jahren oder Jahrzehnten nichts anderes mehr wird haben wollen. Seien Sie also gerade bei untypischen Gedanken selbstsicher und verfolgen Sie Ihr Ziel mit Nachdruck!

Es braucht sicherlich nicht immer eine vollkommen neue Idee, um erfolgreich sein zu können. Bestehende Produkte und Dienstleistungen können Sie bei der Suche nach Nischen auch einfach ein wenig modifizieren. Finden Sie etwas, was es bereits gibt, dessen Schliff aber verbesserungswürdig ist. Gerade im Bereich von Serviceleistungen haben Sie gute Karten. Wenn Kunden eins wollen, dann ist es Unterstützung bei der Verwendung des Produkts, sowie eine Möglichkeit, sich bei Fragen jederzeit vertrauensvoll an kompetente Ansprechpartner wenden zu können.

Habe ich bereits ein durchdachtes Konzept?

Eine gute Idee ist noch lange kein Konzept. Zu wissen, in welche Richtung es gehen soll und ob Sie die dazu notwendigen Kenntnisse besitzen, ist aber zumindest ein guter Anfang. Zum Konzept gehört letztlich viel mehr als der Grundgedanke, sich selbständig machen zu wollen. Nehmen wir an, Sie planen die Vermarktung einer speziellen Software, von der Millionen Kunden profitieren würden. Steht die Idee, geht es darum, das Geschäftskonzept zu entwickeln. Dazu stellen Sie sich Fragen, wie zum Beispiel

- Vermarkte ich das Produkt ausschließlich online?

- Wie viel Kapital ist erforderlich?

- Welche Zielgruppe kann erreicht werden?

- Besteht Ausbaupotential?

- Sind Mitarbeiter notwendig?

- Welchen Nutzen haben Kunden vom Produkt?

Das Konzept ist sozusagen Ihr Grundgerüst für die Existenzgründung. Dass viel mehr dazugehört als eine

Idee und deren Umsetzung, vergessen viele
Jungunternehmer in all der Euphorie. Erfolg ist planbar –
das in jedem Fall! Aber zur Planung gehört auch, sich
ganz gezielt mit vorgenannten und diversen Fragen
auseinanderzusetzen. Erst wenn das Gerüst steht, können
Sie mit der Umsetzung beginnen. Bedenken Sie, dass
gegebenenfalls Investoren gefunden und von der Idee
überzeugt werden müssen. Dazu genügt es nicht, sich mit
dem Produkt oder der Dienstleistung selbst beschäftigt zu
haben. Vielmehr gilt es, den Mehrwert zu verdeutlichen
und aufzuzeigen, mit welchen Mitteln Sie Kunden
erreichen wollen.

Das macht ein Konzept aus

Auf den folgenden Seiten gehen wir näher auf
Teilbereiche eines gelungenen Geschäftskonzepts ein.
Sich selbständig machen zu wollen, ist nämlich viel mehr
Arbeit als es auf den ersten Blick erscheint. Natürlich
können Sie wahllos ein Ladenlokal mieten und Produkte
vertreiben. Auch das Anbieten von Dienstleistungen ist
im Endeffekt einfach, sofern Sie über das
brancheninterne Know-how verfügen. Ob sich der Erfolg
einstellt, das steht jedoch auf einem ganz anderen Blatt
Papier. Ein Konzept berücksichtigt unter anderem die
Frage, was Sie im Zweifelsfall tun können – vor allen
Dingen, wenn die ursprünglich geplante Zielgruppe nicht
so recht anbeißen will. Warum sollten Kunden

ausgerechnet bei Ihnen kaufen oder auf Ihre Kompetenzen vertrauen? Womit können Sie überzeugen?

Jedes Konzept sollte gerade diese Fragen beinhalten. Nehmen wir an, Sie möchten eine Bank von Ihrer Geschäftsidee überzeugen. Bevor Sie überhaupt einen Termin mit dem Berater ausmachen, sollten Sie sich alle Details Ihrer Existenzgründung notieren, und sich dabei gleich überlegen: Was kostet das Ganze überhaupt? Investoren finden sich letztlich nur dann, wenn sich realistische Chancen aus dem Konzept ergeben; wenn Sie also glaubhaft darlegen können, dass gerade Ihr Unternehmen innerhalb einer gewissen Zeit schwarze Zahlen schreiben wird. In der Regel werden Präsentationen gefordert, die unbedingt sehr gründlich erarbeitet werden sollten. Ein paar Schmierzettel aus dem Brainstorming bringen Sie bei der potentiellen Zielgruppe ebenso wenig weiter wie bei finanzierenden Banken.

Sie müssen überzeugen

Bevor von einer Selbständigkeit die Rede sein kann, müssen Sie bei Geldgebern, Marketing-Experten und Unternehmensberatern erst einmal Überzeugungsarbeit leisten. Ziel ist es, sich so intensiv mit dem Konzept auseinanderzusetzen, dass von Außenstehenden lediglich ein gewisser Feinschliff erforderlich wird. An dieser Stelle möchten wir noch einmal auf das vorausgehende Kapitel aufmerksam machen, denn wer ein erfolgreiches Konzept erstellen will, sollte keinesfalls an Selbstüberschätzung leiden und tunlichst nur das versuchen, was den eigenen Fähigkeiten und Fertigkeiten entspricht. Selbständigkeit bedeutet nicht zwingend, innerhalb weniger Jahre ein Imperium auf die Beine zu stellen. Für Menschen mit weniger Ausdauer und defizitären Führungskompetenzen bietet es sich stattdessen an, einen kleinen Laden zu eröffnen oder ins Online Business einzusteigen.

Nur wenn Sie an sich selbst glauben, können Sie auch Ihr Umfeld von dem aufgestellten Konzept überzeugen. Investoren verlangen Ihnen nicht unbedingt Erfahrung auf Führungsebene ab. Dennoch muss spürbar sein, dass Sie voll und ganz hinter dem Konzept stehen und dass dieses so ausgeklügelt wie möglich ist. Am besten ist es, bei der Planung einige Alternativen zum ursprünglichen Produkt, der geplanten Zielgruppe oder einer Dienstleistung parat zu haben. Geht das Konzept nicht nach dem grundlegenden Plan auf, so können Sie mit

Ausweichprodukten und –dienstleistungen für eine gewisse Absicherung sorgen.

Suchen Sie frühzeitig nach potentiellen Kunden

Ein Investor, der sich für Ihre Idee begeistern kann, macht natürlich noch lange kein breites Publikum aus. Deshalb ist es zu empfehlen, vor der Erstellung des Konzepts eine gewisse Zielgruppe zu erarbeiten. Wer also profitiert von Ihrer Selbständigkeit? Sind es vielleicht Jugendliche, Menschen mit Handicap, Personen über 50 oder dergleichen? Je konkreter Sie die Nutzergruppe festlegen können, desto besser lässt sich die Reichweite abschätzen. Nicht jeder über 50 braucht beispielsweise ein Mittel gegen graue Haare, und nicht jeder Jugendliche liebt soziale Netzwerke.

Sparsam sollten Sie mit der Verbreitung Ihrer Idee sein, bevor diese in die Tat umgesetzt wurde. Wo Kunden sind, da gibt es leider immer auch Neider – und solche Menschen, die sich Ihre Idee zu Eigen machen könnten. Seien Sie also unbedingt vorsichtig mit Informationen, und bewahren Sie diese lieber für sich. Es kann sogar sinnvoll sein, ein Produkt zu patentieren. Die zusätzlichen Kosten müssen dann jedoch unbedingt mit in den Finanzierungsplan einfließen.

Verfüge ich über genügend Kapital?

Nur Bares ist Wahres – speziell in der Selbständigkeit. Die Spanne an Kapital, die benötigt werden könnte, ist enorm. Wenn Sie gleich einen ganzen Gebäudekomplex mit Lagerräumen, Büros und Parkflächen mieten wollen, muss das Budget entsprechend großzügig ausgewählt sein. Denken Sie jedoch immer daran: Die Besten Unternehmen haben in einer schlichten Garage zu Erfolg gefunden. Viele Jungunternehmer verschätzen sich entweder in die eine oder andere Richtung, wenn es darum geht, das Kapital aufzustellen. Kleinigkeiten wie Büromaterial werden beispielsweise gar nicht eingeplant, dich in der Summe sind es gerade diese einfachen Dinge, die am Ende einen Großteil des Budgets schlucken.

Wer nicht gerade als freiberuflicher Journalist durchstarten will, der braucht sicherlich mehr Kapital – und auch wesentlich mehr Utensilien als einen Computer und eine gute Kamera. Man kann also gar nicht pauschal sagen, welche Summe Sie parat haben müssen, damit die Selbständigkeit gut anlaufen kann. Besonders wichtig ist, dass Sie nicht allein an die ersten Anschaffungen denken. Egal, welches Unternehmen Sie gründen möchten: Sie müssen mindestens einige Monate lang mit roten Zahlen rechnen und brauchen in dieser Zeit Rücklagen. In weiteren Abschnitten dieses Buchs erfahren Sie, welche Versicherungen sinnvoll sind und was diese im Schnitt kosten. Auch wenn der Betrieb nicht sofort Umsätze erwirtschaftet, müssen zumindest diese Kosten – neben Pacht und Anschaffungen von Material respektive Waren – gedeckt sein.

Das brauchen Sie wirklich

Repräsentativ soll Ihr neues Unternehmen sein. Sie wollen Ihre Kunden schließlich vom ersten Tag an überzeugen, dass Sie der Richtige sind. Doch brauchen Sie wirklich einen Neuwagen, Hochleistungsrechner und einen Bürokomplex mit etlichen hundert Quadratmetern? Vergessen Sie nicht, dass sich Ihre Selbständigkeit zunächst einmal herumsprechen muss. Bis ihnen tausende Kunden die Türen einrennen, haben Sie mehr als genug Zeit, um Ihren Raum zu erweitern. Verkaufen Sie Produkte, dann genügt oftmals die Abstellkammer.

Kapital abhängig von der Geschäftsidee

Pauschal lässt sich die Frage nach dem notwendigen Kapital nie beantworten. Umso wichtiger ist es, all diese Bereiche mit ins Konzept respektive die Planung aufzunehmen. Möchten Sie beispielsweise Waren produzieren, dann sollten Sie möglichst bald damit beginnen, Preise von Herstellern zu vergleichen. Das günstigste Angebot dient als Vorlage für die Kalkulation. Allerdings darf auch hier eine gewisse Spanne nach oben nicht unberücksichtigt bleiben, denn Material- und Herstellungskosten könnten bereits innerhalb der ersten zwei Jahre ansteigen. Dies bringt der Markt leider mit sich.

Wenn man so will, steht die Kalkulation Ihrer Selbständigkeit unmittelbar nach dem Erstellen des Konzepts an. Jeder Stift, jede noch so kleine Anschaffung sollte mit einfließen. Ein Startup-Unternehmen kann bereits mit ein paar hundert Euro zum Erfolg geführt werden, doch je mehr Sie sich vorgenommen haben, desto höher muss letztlich auch das Kapital ausfallen. Unser Tipp: Geben Sie nicht gleich von Anfang an zu viel Geld für teure Technik, Telefonanlagen, Internetverbindungen und dergleichen aus. Sichern Sie aber dennoch die Option, Upgrades bei Anbietern wie dem Telekommunikationsunternehmen jederzeit in Anspruch nehmen zu können. Bei finanzieller Unterstützung aus dem Familien- und Freundeskreis ist generell Vorsicht geboten. Ziehen Sie niemals Menschen mit in Ihre Selbständigkeit, die Ihnen besonders am Herzen liegen. Im Falle eines Falles wären Zwistigkeiten unvermeidbar.

Nehmen Sie Hilfen in Anspruch

Selbständig arbeiten zu wollen bedeutet nicht, generell auf Hilfe durch Außenstehende verzichten zu müssen. Hier sollten Sie allerdings Profis bevorzugen – zum Beispiel Steuer- und Unternehmensberater, erfahrene Geschäftsleute oder auch Ratgeberseiten im Internet. Was die Finanzen angeht, haben Sie bei Ihrer Hausbank in der Regel einen kompetenten Berater an Ihrer Seite. Ob dieser Ihren Vorstellungen und Wünschen gerecht werden kann, das hängt letztlich von verschiedenen Faktoren an. Unterstützung steht Ihnen gerade als Existenzgründer zu; oftmals jedoch nicht von Seiten der Hausbank, sondern von besonderen Stellen wie zum Beispiel der KfW Gründerbank.

Insbesondere die Selbständigkeit aus der Arbeitslosigkeit heraus bietet eine ganz angenehme Basis. Zwar verfügen Sie in aller Regel nicht über das Kapital, um eine Existenz aus eigener Kraft aufbauen zu können. Dafür erhalten Sie öffentliche Fördermittel – darunter einen monatlichen Zuschuss, um Ihre Kosten zu decken und wenigstens diverse Anschaffungen tätigen zu können. Es gibt übrigens Unterschiede zwischen ALG I und ALG II Beziehern. Welche Förderung Ihnen persönlich zusteht, das können Sie bei Ihrem Sachbearbeiter erfragen. Viele Arbeitsämter haben inzwischen eine gesonderte Abteilung eingerichtet, die sich ausschließlich mit dem Thema Selbständigkeit auseinandersetzt und Ihnen mit Rat und Tat zur Seite stehen kann.

Kann ich eine Finanzierung logisch begründen?

Wenn Ihr Konzept erst einmal steht, dann ist es im Grunde genommen relativ einfach, sich um Geldgeber zu kümmern. Es muss am Ende bloß alles schlüssig erklärt sein – von der Idee bis hin zur Umsetzung. Vor allen Dingen wird Kreditunternehmen interessieren, in welchem Zeitraum Sie sich einen Erfolg von der Existenzgründung versprechen; wann also die ersten Raten fließen und der Kredit beglichen werden kann. Mit einer Geschäftsidee, die es in Ihrer Region bereits hundert Mal gibt, werden Sie niemanden vom Hocker reißen können. Umso wichtiger ist es, sich intensiv mit dem Kapitel "Nischen finden" auseinanderzusetzen und ein Konzept zu entwickeln, bei dem Banken oder private Geldgeber gar nicht anders können als Sie zu unterstützen.

In den ersten Gesprächen mit Banken wird Ihnen deutlich gemacht, dass Sie es mit Experten zu tun haben. Für den Bereich Existenzgründung wurden Sacharbeiter in der Regel ausführlich geschult. Sie können oftmals besser abschätzen, ob sich die Investition in Ihr neues Unternehmen tatsächlich lohnen wird. Sonderwünsche wie einen schicken Mercedes können Sie in diesem

Zusammenhang kaum begründen. Seien Sie also bescheiden, bestehen aber dennoch auf die Summe, die Sie für ein erfolgreiches Startup tatsächlich benötigen. Eine klar gegliederte Kalkulation wird an dieser Stelle grundsätzlich erwartet.

Die richtige Präsentation ist alles

Sie müssen nicht nur Ihr Konzept gut verkaufen können, sondern auch sich selbst. Diese Erfahrung machen Existenzgründer immer wieder. Nur wenn Sie Ihre Idee wirklich ernst meinen, wird man auch Sie ernst nehmen. Dieses Buch erklärt Ihnen im Laufe der Kapitel, welches die größten Fehler sind, die Sie bei der Verwirklichung Ihrer Ziele machen können. Dazu gehört vor allen Dingen der unseriöse Auftritt bei Finanzierungsstellen wie der Hausbank. Schlussendlich ist es vollkommen egal, was für ein Unternehmen Sie Gründen möchten: Ein gepflegter Auftritt ist immer ein Muss! Für Bewerbungsgespräche, die in der Regel recht ähnlich ablaufen, gelten tatsächlich andere Regeln. Wenn Sie sich beispielsweise als Fitnesstrainer vorstellen, ist es natürlich in Ordnung, sich leger zu kleiden. Geht es aber ums Geschäftliche, sollte zumindest ein Jackett drin sein. Achten Sie also unbedingt auf Ihre Wirkung, bevor Sie sich ins Gespräch mit Banken und anderen Kreditgebern begeben.

Fühlen Sie sich in Ihrer Haut wohl, dann wird sich dies auch auf Ihr Gegenüber auswirken. Neben dem eigenen Eindruck gilt es, mit einer durchdachten, kompletten Präsentation zu überzeugen. Am besten eignen sich PowerPoint Arbeiten, wobei es ebenso möglich ist, Ihr Konzept auf einer Flipchart vorzustellen. Parallel dazu müssen Sie eine Mappe anlegen, in der alle wichtigen Faktoren für den Kreditgeber schlüssig erklärt sind. Zeigen Sie auf, welche Produkte oder Leistungen Sie vermarkten möchten, wie sich die Kosten für Ihr Startup zusammensetzen und welche Zielgruppe Sie erreichen. Sofern es bereits erste Resonanz aus dem Umfeld gegeben hat, können Sie auch dies als Argument einsetzen.

Wichtige Faktoren erwähnen

Nennenswerte Zahlen, Daten und Fakten müssen Sie bei der Suche nach einem Investor grundsätzlich bereithalten. Nehmen wir also an, Sie leben in einer Kleinstadt mit 6.000 Einwohnern und möchten ein Ladenlokal eröffnen, in welchem Sie ein spezielles Produkt verkaufen – oder auch mehrere, die demselben Themenbereich entspringen. Aus Ihrer Präsentation muss deutlich werden, wie viele der im Ort lebenden Bürger Sie mit den Produkten ansprechen. Ebenfalls elementar sind die Infrastruktur, sowie der Zustand der Verkehrsanbindung zu Ihrem neuen Unternehmen. Ein Ort, durch den täglich hunderte Pendler zwangsläufig durchfahren müssen, eignet sich natürlich besser als ein Dorf mit alteingesessenen Rentnern, die sich nicht für Neues interessieren.

Aber nicht nur der Ort ist von Bedeutung, sondern auch die spezielle Lage des Geschäfts. Ein Ladenlokal direkt an einer Hauptstraße mit besten Parkmöglichkeiten hat seinen Preis, verspricht aber auch schnellere Aufmerksamkeit bei potentiellen Kunden. All diese und zahlreiche weitere Faktoren sind für Investoren schon deshalb relevant, weil sie alle logischerweise daran interessiert sind, möglichst bald Geld zurück zu bekommen – und das möglichst ohne Ausfälle. Gerade wenn Produkte hergestellt werden müssen, sollte genau aufgezeigt werden, wie hoch die Produktionskosten sind und ob der angesetzte Verkaufspreis tatsächlich kostendeckend geplant wurde.

Auf kritische Fragen vorbereiten

Sie dürfen nicht erwarten, dass Kreditgeber gleich bei der ersten Präsentation Luftsprünge machen. Jede geplante Investition, jedes Darlehen will sehr gut überlegt sein – gerade in der heutigen Zeit. Tatsächlich ist es für Existenzgründer sogar deutlich schwerer als noch vor ein paar Jahren, finanzielle Unterstützung durch Banken zu erhalten. Deshalb müssen Sie in jedem Fall auch auf unangenehme Fragen vorbereitet sein. Kritik und Zweifel unter den Experten sind vollkommen normal und sollten Sie keinesfalls aus der Ruhe bringen. Bleiben Sie bei Ihrem Konzept und lassen Sie sich nicht verunsichern.

Es steht Existenzgründern frei, alle Möglichkeiten auszuschöpfen. Ist ein Kreditgeber zu skeptisch oder scheint nicht kompetent genug, sich auf Ihre Bedürfnisse einzulassen? In diesen Fällen kann es sinnvoll sein, sich eine andere Bank zu suchen. Hilfreich sind auch Angebote im Internet, denn immer mehr Geschäfte werden inzwischen online abgewickelt. Besonders wichtig: Achten Sie auf sämtliche Voraussetzungen und Tilgungsbedingungen, um keine bösen Überraschungen zu erleben. In der Regel ist es einfacher, Ihr Konzept in lokalen Banken vorzustellen. Dort haben Sie einen persönlichen Ansprechpartner und können auch im späteren Verlauf Ihrer Selbständigkeit immer wieder auf diesen zugehen – insbesondere bei finanziellen Engpässen oder anderen Schwierigkeiten, die ein persönliches Gespräch erforderlich machen.

Wie viel Eigenkapital ist notwendig?

Wären Sie Millionär, und das allein durch Zufall, dann würden Sie vermutlich erst gar nicht über eine Selbständigkeit nachdenken. Folglich ist die Frage nach dem erforderlichen Kapital ein wenig umfangreicher. Wenn Sie ein Gebäude mieten, Technik anschaffen und Produkte herstellen wollen, ist das gesamte Budget natürlich entsprechend hoch, das Ihnen zur Verfügung stehen muss. Geht es jedoch lediglich um ein Online Business, reichen meist wenige tausend Euro – zum Beispiel für Buchs, Webinare und so genannte Einsteigerpakete. Inwiefern diese Business-Form anzuraten ist, das steht auf einem anderen Blatt Papier. Ihr Eigenkapital errechnet sich aber so oder so nach der gesamten Investition, die wenigstens für das erste halbe Jahr kalkuliert werden sollte.

Halten Sie sich stets eines vor Augen: Je weniger Geld Sie von Dritten benötigen, desto geringer Ihr Risiko bei einer fehlschlagenden Existenzgründung. Unabhängig davon ist es natürlich wesentlich einfacher, nach einem Kleinkredit zu fragen. Je mehr Sie Banken und Investoren abverlangen, desto wahrscheinlicher ist am Ende eine Ablehnung. Es kann also nicht schaden, weitsichtig an Ihrer Selbständigkeit zu arbeiten und bereits jetzt mit dem Ansparen eines gewissen Eigenkapitals zu beginnen. Ist Ihnen genau das aus wirtschaftlichen Gründen nicht möglich, so hilft es, sich bei der Kalkulation ein wenig einzuschränken und nur auf Investitionen zu achten, ohne die sich das Geschäft definitiv nicht bewerkstelligen lässt.

Fassen Sie alle Anschaffungen zusammen

Der Begriff "Kalkulation" wird Ihnen in der Selbständigkeit immer wieder begegnen. Unbedingt erforderlich ist eine klare Trennung der Kostenfaktoren. Nehmen wir also an, Sie eröffnen ein Büro oder einen Laden, in welchem Produkte vertrieben werden. Nun stellen Sie folgende Posten getrennt voneinander auf:

1. Technische Geräte, die Sie für die tägliche Arbeit benötigen
2. Herstellungskosten für die ersten Monate – je nach Produkt
3. Versicherungen
4. Laufende Kosten wie Pacht, Telekommunikation, Druckerzubehör und dergleichen

Vorlagen im Internet können Ihnen dabei helfen, schon zu Beginn den Überblick zu behalten. Sie dürfen sich selbstverständlich auch selbst eine Art Haushaltsbuch anlegen, in welchem Sie alle Posten strikt voneinander trennen.

Durch eine großzügige Kalkulation lässt sich vermeiden, dass Ihnen am Ende doch irgendwo Geld fehlt – was übrigens ganz vielen Existenzgründern passiert. Auf die ausgerechnete Summe können Sie getrost noch einen gewissen Betrag aufschlagen. Schließlich müssen sie in den ersten Wochen von irgendetwas leben. Bis sich das Unternehmen zu lohnen beginnt, kann im schlimmsten Fall sogar ein längerer Zeitraum vergehen. Umso wichtiger ist es, die Kalkulation nicht zu knapp zu bemessen. Von ihr ausgehend können Sie in etwa ausrechnen, welche Summe an Eigenkapital sinnvoll wäre. Je größer die Investition insgesamt ist, desto mehr müssen Sie in den ersten Geschäftsjahren aus eigener Kraft schöpfen – respektive aus Rücklagen, die man in der Selbständigkeit ohnehin immer bilden sollte.

An Folgekosten denken

Voller Euphorie eröffnen Millionen Existenzgründer ihre Geschäfte – meist mit mäßigem Erfolg. Grund dafür ist, dass sie heute nicht an Morgen denken, sich also nur auf die ersten Augenblicke ihrer Selbständigkeit fokussieren. Das Problem: Erfahrungsgemäß schreiben Unternehmen frühestens nach zwei bis drei Jahren erste schwarze Zahlen. Je mehr im Vorfeld investiert wurde und je höher Produktions- oder Lagerkosten sind, desto schwieriger ist es, positive Umsätze zu erwirtschaften. Der Leitgedanke ist dann oftmals Folgender: "Ich produziere ein T-Shirt, lasse es bei Firma X für 7 Euro pro Stück drucken und verkaufe es für 20 Euro." Den Überschuss, also in diesem Fall 13 Euro, sehen die meisten jungen Unternehmer als "ihren Verdienst" an. Das Problem sind nicht bedachte Folgekosten, denn es müssen Steuern, Mieten, Versandkosten, technische Geräte und Versicherungen getragen werden. In der Summe bleibt zunächst kaum etwas vom Gewinn übrig, der zunächst ziemlich attraktiv erscheint.

In dem vorgenannten Beispiel müssen Sie pro Tag locker 30 und mehr T-Shirts vertreiben, bevor überhaupt von einem Gewinn die Rede sein kann. Die Kosten laufen weiter, doch bis sich eine Kundengruppe aufgebaut und das Unternehmen herumgesprochen hat, vergehen oftmals Monate. Sicherlich können Sie mit werbenden Maßnahmen an Ihrem Erfolg arbeiten, doch auch dazu brauchen Sie logischerweise Kapital – und das immer wieder.

So viel Budget sollten Sie besitzen

Es gibt erfolgreiche Unternehmen, die ganz ohne Eigenkapital begonnen haben. Einige von ihnen sind sogar recht schnell bekannt geworden. Wir raten dennoch immer dazu, sich nicht komplett auf eine Fremdfinanzierung zu stützen. Je mehr abgezahlt werden muss, desto größer ist der Ärger, sollte der Betrieb nicht anlaufen wie erhofft. Wer jedoch zumindest 30% der benötigten Gesamtsumme aus eigener Kraft aufbringen kann, geht in der Regel einen verhältnismäßig sicheren Weg. Je weniger Fremdhilfe notwendig ist, desto besser. Sie wollen schließlich niemandem etwas schuldig sein – und schon gar nicht über Jahre hinweg.

Wir möchten Ihnen die Vollfinanzierung nicht zwingend madig machen. Geht es lediglich um eine Selbständigkeit, für die keine großen Anschaffungen Pflicht sind, kann man sich durchaus mithilfe einer Bank oder dergleichen an die Existenzgründung heranwagen. Je weniger Sicherheiten Sie vorweisen können, desto überzeugender müssen Sie letztlich bei der Vorstellung Ihres Konzepts und der Kalkulation sein.

Firmenwagen, Büro und Co. – was brauche ich wirklich?

Wenn Sie Produkte ausliefern müssen, oder aber in direktem Kundenkontakt Hausbesuche durchführen, dann kommen Sie um die Anschaffung eines Fahrzeuges nicht herum. Die Frage ist: Muss es wirklich der neuste Sprinter sein? Oder brauche ich einen Luxuswagen, um bei meinen potentiellen Kunden Eindruck zu schinden? Gerade wenn nur bedingt Kapital vorhanden ist, sollten Sie im Bereich des Firmenwagens Abstriche machen. Es ist sogar möglich, den privaten Wagen zu nutzen. Sofern Sie diesen über 70% gewerblich nutzen, lässt sich dies bei der Steuererklärung berücksichtigen. Um dem Finanzamt alles darlegen zu können, empfiehlt sich das Führen eines Fahrtenbuches.

Dasselbe gilt für Büroräume. Sind noch keine Angestellten für Sie tätig, können Sie die meisten Geschäfte kostensparend von Zuhause aus abwickeln. Ein getrennter Raum, der als Büro eingerichtet wird, lässt sich ebenfalls steuerlich geltend machen. Diesen müssen Sie hauptsächlich für Ihre geschäftlichen Tätigkeiten nutzen. Was Internet- und Telefonkosten angeht, besteht die Möglichkeit, einen Teil der Kosten anrechnen zu lassen. Es muss also nicht gleich das repräsentative Büro im schicksten Viertel der Stadt sein, das Sie nach vorne bringt. Sobald Ihre Umsätze steigen, können Sie jederzeit umziehen und sich in allen Bereichen verbessern. Kaufen Sie auch in Sachen Technik nicht gleich die teuersten Geräte, sondern greifen Sie auf Angebote und gegebenenfalls auf Gebrauchtwaren anderer Unternehmen zurück – ebenso die Ladenausstattung, sofern Sie ein Lokal anmieten.

Bescheidenheit in den ersten Jahren

Selbständigkeit bedeutet nicht, ab dem ersten Tag finanziell frei zu sein. Je bescheidener Sie vorgehen, desto schneller erwirtschaften Sie ein Plus, aus dem Sie schöpfen können. Erst wenn Rücklagen geschafft wurden, dann dürfen Sie beim Ausgeben des Überschusses gerne ein wenig großzügiger sein. Jedes Unternehmen, unabhängig von seiner Art, fordert die regelmäßige Investition. Sie führen sozusagen immer wieder Upgrades durch, um voran zu kommen. Beginnen Sie zunächst allein, könnte es schon nach zwei Jahren passieren, dass Sie Personal brauchen, um den vielen Kundenwünschen gerecht zu werden. Umso wichtiger ist es, gerade am Anfang nur das Geld auszugeben, was tatsächlich für relevante Anschaffungen benötigt wird.

Existenzgründer, die über das Ziel hinausschießen, erhalten unter Garantie ganz schnell einen Dämpfer. Gerade wenn Sie bisher überhaupt keine Erfahrung mit dem Thema Selbständigkeit haben, sollten Sie sich fachkundigen Rat einholen. Es gibt diverse Stellen, die sich auf solche Vorhaben spezialisiert haben und die Ihnen in jedem Fall helfen können, Wichtiges von Unwichtigem bei den Anschaffungen zu trennen. Oftmals bieten sich verschiedene Lösungsansätze und damit verbundene Einsparungsmöglichkeiten. Je günstiger Sie

Ihren Einstieg hinbekommen, desto mehr Puffer haben Sie für die ersten, harten Monate der neuen Existenz.

Vorsicht beim Homeoffice

Eine dieser Sparmöglichkeiten, auf die wir gerne hinweisen, bietet das Homeoffice. Statt ein teures Büro anzumieten, können Sie Ihre ersten Geschäfte prinzipiell ganz einfach von zu Hause aus erledigen. Ausnahmen bilden verschiedene Branchen, in denen Sie direkten Kundenkontakt benötigen, um etwas vermarkten zu können. Bietet sich Ihnen jedoch die Option, dann sollten Sie unbedingt darauf zurückgreifen und Ihr Unternehmen möglichst komplett auf die eigenen vier Wände beschränken. Alternativ funktioniert tatsächlich auch der Einstieg in einer als Ladenlokal oder Büro erkennbaren, optisch zumindest ansprechenden Garage, einem Wintergarten oder dergleichen.

Wichtig für Selbständige: die Absprache mit einem Vermieter, sollte kein Eigentum vorhanden sein. Die gewerbliche Nutzung des Wohnraums ist nämlich nur mit ausdrücklicher Zustimmung möglich. Sollten Sie einfach Ihr Business daheim starten und der Vermieter bekommt davon etwas mit, droht jede Menge Ärger. Gewerbliche Räumlichkeiten muss nämlich auch er anders beim Finanzamt geltend machen. Hinzu kommen verschiedene versicherungstechnische Aspekte, auf die unbedingt Rücksicht genommen werden muss. Ein klärendes Gespräch kann in solchen Fällen helfen, Fehler zu vermeiden – und sich am Ende Ärger zu ersparen. Es gibt dabei deutliche Unterschiede zwischen dem wirklichen Gewerbe und einer freiberuflichen Tätigkeit. Letzterer können Sie auch in Ihrem Wohnzimmer oder einem gesondert abgeteilten Büro ohne Bedenken nachgehen. Gewerbetreibende müssen Ihren Betrieb jedoch grundsätzlich melden.

Zielgruppe beachten

Um die Antwort auf die Frage "Was brauche ich wirklich?" zu finden, sollte die geplante Zielgruppe ein wenig näher durchleuchtet werden. Sprechen Sie mit Ihrem Betrieb Kunden an, die ganz bewusst nach Unternehmen suchen, welche nach Hause kommen, dann gilt: Ein Firmenwagen muss unbedingt vorhanden sein. Ein neues Fahrzeug braucht im Endeffekt niemand. Es ist lediglich wichtig, dass Sie sicher und zügig zu Ihren Kunden fahren können. Sprechen Sie dagegen Internetuser an und vermarkten Ihr Produkt ausschließlich online, dann sparen Sie sich nicht nur den gesondert angemeldeten und absetzbaren Firmenwagen, sondern auch ein repräsentatives, lokales Büro.

Aus vorgenanntem Grund ist es enorm hilfreich, sich schon vor Beginn einer Selbständigkeit genau vor Augen zu führen, wen Sie mit Ihrem Produkt oder Ihrer Dienstleistung erreichen wollen. Die Zielgruppe wird Sie auch bei weiteren Bereichen der Existenzgründung immer wieder begleiten und dient nicht nur bei der Erstellung Ihres ersten Konzepts.

Besteht Anspruch auf finanzielle Hilfen?

Existenzgründer-Darlehen sind in der jüngsten Vergangenheit immer beliebter geworden. Mit der Option bieten spezielle Kreditgeber Ihren Kunden an, sich den Traum von der Selbständigkeit zu verwirklichen – und das ohne am falschen Ende sparen zu müssen. Anspruch im eigentlichen Sinne besteht leider nicht, denn letztlich liegt es im Ermessen der Banken oder privaten Kreditgeber, ob sie ein Projekt unterstützen. Auch den Umfang der Förderung legen diese Unternehmer nach bestimmten Grundlagen fest. Wenn Sie also planen, sich selbständig zu machen, dann sollten Sie unbedingt vorher Informationen einholen und sich schlau machen, ob Ihnen gegebenenfalls Unterstützung zusteht.

Sie sollten sich in den vergangenen Jahren aus

finanzieller Sicht rechtens verhalten haben, denn bei Schufa-Einträgen und anderen Aspekten, die Ihre Bonität deutlich schlecht dastehen lassen, sind die Chancen auf eine Förderung nahezu gleich Null. Außerdem ist es notwendig, ein Konzept vorzulegen, aus welchem sich genau erkennen lässt, dass Sie jeden Schritt bis ins letzte Detail durchdacht haben. Wahllose Ideen bringen Sie nicht weiter, wenn es ums Überzeugen potentieller Kreditgeber geht. Je mehr Geld Sie für das Startup Ihres Unternehmens benötigen, desto schwieriger wird es, Investoren respektive Banken zu finden, die bereit sind, das Risiko einer Kreditvergabe einzugehen. Schließlich können auch Fachleute nicht hellsehen und müssen sich bei positivem Ergebnis darauf verlassen, dass am Ende alles nach Plan läuft.

Förderkredite – so funktionieren sie

Ein gutes Konzept vorausgesetzt, haben Sie es bei Förderbanken erfahrungsgemäß wesentlich leichter, den gewünschten Kredit zu erhalten. Einer der ausschlaggebenden Gründe ist das Expertenwissen, mit dem die Berater solcher speziellen Institute wesentlich besser alle Risiken abschätzen können. Die Hausbank dagegen ist meist nur auf klassische Kredite vorbereitet und muss sich letztlich vor Selbständigkeiten schützen, deren Aussicht auf Erfolg nicht vom ersten Moment an ersichtlich ist. Natürlich steht es Ihnen trotz alledem frei, sich vertrauensvoll an Ihren Berater in der Bank zu wenden, bevor Sie auf die Alternative "Förderkredit" zurückgreifen.

Existenzgründerdarlehen haben gegenüber dem traditionellen Bankenkredit einen weiteren entscheidenden Vorteil. Mit der Tilgung müssen Sie nämlich nicht unbedingt sofort beginnen. Das Institut gibt Ihnen meist einen gewissen Zeitraum, in welchem Sie Ihr Unternehmen ans Laufen bringen dürfen. Erst nach ein paar Monaten wird die erste Reihe. Weitere Vorteile sind daneben die flexible Laufzeit, kleine Raten sowie günstigere Tilgungszinsen. Dennoch lohnt es sich generell immer, mehrere Angebote zu vergleichen und sich gegebenenfalls Unterstützung bei den ersten Gesprächen zu suchen. Am besten ist es, wenn Sie jemanden kennen, der zumindest ein wenig Erfahrung mit Krediten hat und weiß, worauf Sie beim Abschluss achten müssen. Fallstricke gibt es bei Darlehen leider recht häufig.

Auf die Konditionen achten

Niedrige Tilgungsraten klingen immer sehr angenehm. Schließlich kann es einige Zeit dauern, bis Sie wirklich Umsätze erwirtschaften, mit denen sich der Kredit decken lässt. Bedenken Sie jedoch, dass gerade durch die geringen Raten sehr hohe Gesamtkosten entstehen. Je länger Sie für die Tilgung brauchen, desto höher fallen die Zinsen in der Summe aus – auch, wenn auf den ersten Blick alles extrem günstig und fair wirken mag. Ein Vergleich mehrere Förderkredite und klassischer Darlehen ist also schon deshalb anzuraten, weil es deutliche Unterschiede zwischen den Angeboten gibt. Mit ein bisschen Geduld finden Sie garantiert eine Möglichkeit, günstig aus der Sache herauszukommen; bestenfalls ohne Einschränkungen bei der Höhe des benötigten Darlehensbetrags.

Sie müssen bei jeder Kreditform sicherstellen können, dass die Rate monatlich gedeckt werden kann – sei es mit erwirtschafteten Umsätzen, oder aber durch gezielte Rücklagen. Letztlich muss Ihnen klar sein, dass ein hohes Darlehen auf Dauer sehr viel Volumen in Ihren monatlichen Kosten einnehmen wird. Deshalb können wir immer nur dazu raten, sich bei der Wahl der Summe nicht zu weit aus dem Fenster zu lehnen und keine Sonderwünsche mit einfließen zu lassen, die mit dem eigentlichen Startup überhaupt nichts zu tun haben. Förderbanken wissen in der Regel genau, wie hoch der Kredit ausfallen muss, um Ihnen eine einfache und dennoch sparsame Existenzgründung zu ermöglichen. Faule Tricks werden sich spätestens bei den Tilgungsraten rächen.

Hilfe vom Arbeitsamt

Sowohl Empfänger von Arbeitslosengeld 1 als auch Hartz IV Bezieher können sich bei der Planung einer Existenz an ihren Sachbearbeiter wenden. Die Unterschiede zwischen den Hilfen sind dabei deutlich voneinander zu trennen. In besonderen Fällen gibt es nach Absprache ein gewisses Startkapital für Arbeitslose mit Anspruch auf ALGI. Dieses kann zum Beispiel dazu genutzt werden, Material anzuschaffen, das Gewerbe anzumelden und dergleichen. Parallel dazu laufen die regulären Bezüge noch eine Weile weiter, und die Krankenversicherung trägt ebenfalls das Amt. Das Darlehen wird in der Regel zinslos gewährt. Aber auch hier sind diverse Dinge zu beachten. Das Amt muss zunächst überzeugt davon sein, dass es den Kreditnehmer früher oder später aus dem Arbeitslosenbezug entlassen kann. Im Endeffekt profitieren also beide Seiten davon, zumal zinslose Darlehen immer noch am leichtesten abzutragen sind.

Die Unterstützung durch die ARGE sieht dagegen schon ein wenig anders aus. Es gibt spezielle Berater, die sich mit der Idee des Existenzgründers auseinandersetzen und Wege finden, die Pläne gemeinsam zu realisieren. Dazu wird auch hier der Bezug weiterlaufen, wobei es kein Darlehen gibt. Lediglich die monatliche Summe erhöht sich. Mit dem zusätzlichen Geld kann dann eine Existenz aufgebaut werden. Diese muss sich allerdings in einem überschaubaren Rahmen abspielen, da es lediglich festgelegte Zuschüsse gibt, die bei rund 300 Euro liegen.

Arge oder private Geldgeber?

Welche Kreditart die beste ist, hängt immer davon ab, wie die geplante Selbständigkeit aussehen und welchen Umfang sie haben soll. Möchten Sie sofort groß durchstarten, brauchen Sie dazu möglicherweise sogar Personal, dann kommen Sie mit ein paar hundert Euro Unterstützung vom Amt sicherlich nicht weit. Gibt es jedoch aufgrund der Bonität keine andere Option, kann es durchaus eine Chance sein, sich über die Arge respektive das Arbeitsamt ein Unternehmen aufzubauen. In diesem Fall sind Einschnitte sozusagen ein Muss, denn wirklich viel springt bei der Vergabe solcher Darlehen nicht heraus. Sie sollten frühzeitig alle Optionen durchleuchten und sich umfassend über die persönlichen Möglichkeiten beraten lassen. In einigen Fällen greifen beide Kreditoptionen ineinander, so dass Sie im Endeffekt viel mehr ausschöpfen können als zunächst angenommen.

Ein unverbindliches Gespräch mit einem erfahrenen Selbständigen-Sachbearbeiter kann grundsätzlich nie schaden. Oftmals wird Ihnen erst in diesem Gespräch bewusst, ob und was Sie möglicherweise bei Ihrer Planung vergessen haben. Das häufigste Problem bei

Existenzgründern ist die Frage der Versicherung. Wir haben in einem der nächsten Kapitel gezielt alle Fakten dazu gesammelt – um Ihnen Überraschungen zu ersparen. Die Arge oder auch das Arbeitsamt sind also zumindest für Bezieher der staatlichen Gelder gute Ansprechpartner. Anders als Unternehmensberater verlangen Ihnen diese Stellen keine Kosten ab, sondern informieren Sie gratis zu allen relevanten Themen rund um Ihre Selbständigkeit.

Kreditgeber abhängig von Kosten

Machen Sie den Darlehensgeber abhängig davon, wie viel Sie in Ihre Existenzgründung investieren müssen oder wollen. Das Angebot der Ämter ist leider nicht so vielversprechend wie ein Darlehen von Förderbanken. Schließlich müssen öffentliche Stelle unwahrscheinlich viele Investitionen in Arbeitslose tätigen, so dass für Extrawünsche, wie der Aufbau einer Selbständigkeit, lediglich ein kleiner Betrag zur Verfügung steht. Geht es Ihnen jedoch nur darum, sich aus eigener Kraft zu etablieren und in den ersten Monaten ein wenig mehr Kapital auf dem Konto zu haben, dann sind Gründerdarlehen von Arge und Arbeitsamt durchaus zu empfehlen – ebenso wie die Unterstützung bei der Bewerkstelligung verschiedener Versicherungen.

Freiberufler haben es in der Regel deutlich leichter als Unternehmer, die ein Gewerbe gründen möchten. Es werden schlichtweg nicht so viele Dinge gebraucht – Investitionen in technische Geräte, Produktion und dergleichen entfallen hier weitestgehend. Geht Ihre Existenzgründung in diese Richtung, dann können Sie getrost auf die Angebote der Ämter zurückgreifen. Die vorausgehende Beratung kann so oder so nur von Vorteil für Sie sein, denn Berater geben Ihnen wertvolle Tipps mit auf Ihren neuen Lebensweg.

Zinslose Darlehen nutzen

Fallen für ein zinsloses Darlehen tatsächlich keine Zusatzkosten an? In der Tat sind Arbeitsamt und Arge darauf bedacht, Ihren Kunden so wenig Aufwand wie möglich zu bereiten. Voraussetzung für die Vergabe solcher Kredite ist ein schlüssiges Konzept, so wie die Darstellung der möglichen Umsätze, die in den ersten Monaten generiert werden können. Erfahrungsgemäß wird immer gesagt, dass ein Unternehmen Jahre braucht, bis es ein Plus erwirtschaftet. Die Ämter gehen jedoch von einem Zeitraum von sechs Monaten aus. Nach Ablauf dieser Frist müssen Darlehen, die zur Existenzgründung dienten, allerspätestens in tragbaren Raten getilgt werden. Gleichzeitig erwartet das Amt, dass der Kunde bis zu diesem Zeitpunkt unabhängig von offiziellen Geldern seinen Lebensunterhalt bestreiten kann.

Gerade bei langen Kreditlaufzeiten sind zinslose Darlehen natürlich von Vorteil. Sie zahlen im Endeffekt nur den Betrag zurück, den Sie anfänglich erhalten haben. Die Raten lassen sich erfahrungsgemäß individuell vereinbaren, wobei solche Kredite letztlich nicht ganz so flexibel sind wie bei einer Bank oder einem Förderprogramm für Selbständige. Vor allen Dingen aber achten die Ämter darauf, Ihnen ausschließlich die Hilfe zukommen zu lassen, die Sie realistisch abzahlen können, ohne sich mit der Finanzierung zu übernehmen. Wenn Ihnen die Möglichkeit geboten wird und Sie sich aus der Arbeitslosigkeit heraus selbständig machen möchten, dann ist es in jedem Fall sinnvoll, sich über die Optionen zu informieren, die fernab traditioneller Kreditinstitute offenstehen.

Arbeitslose können sparen

Im Rahmen Ihrer Beratungsgespräche, die vor einer Existenzgründung immer anstehen, sollten Sie sich genau informieren. Welche Gelder erhalten Sie zinslos, was müssen Sie überhaupt zurückzahlen? Empfänger von ALG II erhalten – wie bereits erläutert – Zuschüsse, die monatlich gezahlt werden. Es kann natürlich sein, dass das Amt nach einer gewissen Laufzeit einen Teil dieses Geldes zurückverlangt. In der Regel sind die Zuschüsse aber rückzahlungsfrei. Es ist besonders wichtig, dass Sie im Gespräch genau zuhören und alle Konditionen nachvollziehen können. Sofern Ratenzahlungen anfallen, müssen schließlich auch diese bei der Schaffung von Rücklagen berücksichtigt und eingeplant werden.

Fakt ist, dass eine Arbeitslosigkeit noch lange kein Grund ist, den Kopf in den Sand zu stecken und die Hoffnung auf bessere Zeiten aufzugeben. Eine Selbständigkeit bietet oftmals genau den Ausweg, von dem viele Menschen träumen. Wann sonst haben Existenzgründer so viel Zeit und so wenige Verpflichtungen wie in der Arbeitslosigkeit? Jetzt ist die beste Zeit gekommen, sich mit allen vorgenannten und folgenden Bereichen zu befassen und darüber nachzudenken, ob Sie geeignet sind, ein eigenes Unternehmen auf die Beine zu stellen.

Kapitel 3 – Verschiedene Selbständigkeiten möglich

Vermutlich kennen Sie Ladenlokale, wissen was Freiberufler tun und haben auch schon von verschiedenen Formen des Internet-Business gehört. Selbständigkeit ist also nicht gleich Selbständigkeit. Die Auswahl an Möglichkeiten war selten so umfangreich wie in der heutigen Zeit – gerade seit dem Boom von Online Shops, MLM, Network Marketing und Co. Ebenso wie diese Bereiche wird auch Franchising immer beliebter. Hierbei handelt es sich um eine Form der Unternehmensgründung, bei welcher Sie Ihr eigener Chef sind, aber gleichzeitig auf das Know-how des dahinterstehenden Unternehmens vertrauen dürfen. Sie müssen also gar nicht mehr der geborene Geschäftsmann sein, um erfolgreich eine Firma grünen zu können.

Sie müssen nicht sofort ein ganzes Büro mieten, Ihr eigenes kleines Konzept entwickeln und mit innovativen Geschäftsideen aufwarten. Selbständigkeit kann schließlich auch bedeuten, ein funktionierendes Unternehmen aufzukaufen, respektive sich als Teilhaber einzukaufen. Auch Ladenlokale können häufig übernommen werden. Achten Sie bei solchen Geschäften darauf, wie es um deren Umsätze bestellt ist. Insolvente Firmen zu übernehmen, kann Ihnen selbst mit ausreichend Kapital das Genick brechen – insbesondere, wenn Sie bisher nie selbständig gewesen sind und es an der notwendigen Erfahrung fehlt. Oft werden kleinere Läden aber aufgrund des Alters der Besitzer abgegeben, die im eigenen Kreis keinen Nachfolger finden.

Rechtzeitig informieren

Welche Form der Selbständigkeit für Sie in Frage kommt, hängt schlussendlich von Ihren eigenen Fähigkeiten und der Erfahrung ab. Sich an eine ganz neue Idee oder ein noch unbekanntes Produkt heranzuwagen, birgt viele Risiken. Sind Sie allerdings vollkommen überzeugt davon, so sollten Sie sich nicht verunsichern lassen. Weitere Optionen der Existenzgründung bieten sich als risikoärmere Alternativen an. Letztlich finden Sie bei Unternehmensberatern den Rat, den Sie zum Einstieg brauchen. Oder aber Sie informieren sich im persönlichen Umfeld über all die Varianten, die sich in der Neuzeit entwickelt haben.

Sich selbständig zu machen, das ist im Endeffekt gar nicht so kompliziert wie viele denken – vorausgesetzt natürlich, alle anfänglichen und laufenden Kosten werden dabei so exakt wie möglich kalkuliert. Die Frage ist, mit welcher Unternehmensform Sie möglichst schnell erfolgreich werden können. An dieser Stelle ist die

Übernahme laufender Geschäfte mit Abstand das einfachste, an das sie sich heranwagen würden. Die Bücher verraten Ihnen, wie es um die wirtschaftliche Lage bestellt ist. Haben Sie hiervon nur wenig Ahnung, kann es helfen, einen Steuerberater aufzusuchen. Er arbeitet tagtäglich mit Unternehmenszahlen und sagt Ihnen ganz genau, ob die Übernahme lohnt oder nicht. Eine Kurzschlusshandlung sollte die Idee der Existenzgründung niemals sein. Je intensiver Sie die verschiedenen Unternehmensformen studieren, desto schneller finden Sie ein Konzept, das wirklich zu Ihnen passt.

Einfach oder kompliziert – das ist die Frage

Es lässt sich nicht von der Hand weisen, dass der Schritt in die Selbständigkeit Mut verlangt. Schließlich gehen Sie mit einer Existenzgründung vor allen Dingen finanziell ein größeres Risiko ein als wären Sie angestellt. Genau deshalb muss Ihnen bewusst werden, was Sie wollen und wie mutig Sie am Ende wirklich sind. Seien Sie auch bei dieser Frage selbstkritisch. Alles andere würde zu nichts führen – außer vielleicht zu einer Katastrophe. Lassen Sie sich genug Zeit, Unternehmen zu studieren und sich beispielsweise online darüber zu informieren, was ein Franchise-Betrieb ist, welche Voraussetzungen Sie als Freiberufler erfüllen müssen und dergleichen.

Glauben Sie wirklich daran, dass Sie sehr kreativ sind und Ihre Ideen einschlagen werden wie eine Bombe? Dann spricht nichts dagegen, sich um ein Büro zu kümmern und Hersteller zu suchen, die sich um die Weiterentwicklung Ihres Produkts kümmern. Bieten Sie lediglich Dienstleistungen an, so müssen auch diese innovativ genug sein, um Kunden zu gewinnen. Vielleicht fehlt es Ihnen aber auch an der notwendigen Ausdauer, ein vollkommen neues Konzept in die Tat umzusetzen – und schlussendlich auf positive Resonanz zu warten. Dann ist es möglicherweise die bessere Option, auf bestehende Konzepte zu vertrauen und sich als Partner, Franchisenehmer oder dergleichen daran zu bedienen.

Chancen für jedermann

Natürlich ist nicht jeder dazu geboren, Unternehmer zu werden. Sonst gäbe es schließlich nur noch Selbständige, und niemand müsste sich mehr als Angestellter durchs Leben schlagen. Tatsächlich gibt es Menschen, denen wir generell von einer Existenzgründung abraten würden. Dies liegt vor allen Dingen an verschiedenen Charaktereigenschaften, die ein Geschäftsmann mit sich bringen muss. Es braucht Biss, Ausdauer und jede Menge Geduld, bis sich erste Erfolge einstellen. Gleichzeitig will die geplante Zielgruppe von dem Produkt oder der

Dienstleistung überzeugt werden. Wenn Sie über diese Eigenschaften verfügen und sich auch von Rückschlägen nicht entmutigen lassen, sind Sie bestens auf eine Existenzgründung vorbereitet und sollten sich getrost daran machen, Ihre Ziele zu erreichen.

Gerade weil es zahllose Wege in die Selbständigkeit gibt, bieten sich inzwischen genug Möglichkeiten, Ihr bisheriges Leben hinter sich zu lassen und neu durchzustarten. Sie müssen dazu nicht einmal der geborene Chef sein, denn Trend sind aktuell ohnehin Einmann-Betriebe bzw. die beliebte Ich-AG. Die einzige Schwierigkeit besteht wohl darin, einen für sich selbst geeigneten Weg zu finden und diesen auch dann zu beschreiten, wenn Ihnen Steine in den Weg gelegt werden.

Lohnen neue Ideen?

Wenn Sie fest von Ihrem Konzept überzeugt sind, dann spricht sicher nichts gegen einen kompletten Neueinstieg – unabhängig von der Branche. Allerdings will dieser Schritt in die Selbständigkeit besonders gut überlegt sein. Schließlich dauert es umso länger, sich mit Ihrem neuen Unternehmen einen Namen machen. Wesentlich einfacher scheint es da schon, sich auf ein funktionierendes Konzept oder einen laufenden Betrieb zu berufen. Hier gibt es bereits einen festen Kundenstamm, was Ihnen in jedem Fall anfänglich die umfassende Akquise erspart. Im Endeffekt müssen Sie bei Übernahme eines Unternehmens darauf achten, dem guten Ruf gerecht zu werden. Planen Sie Veränderungen am bestehenden Konzept, sollte dies nur schrittweise und vorsichtig passieren. Da Kunden Gewohnheitstiere sind, können Sie mit neuen, innovativen Ideen leider oftmals das Gegenteil von dem bewirken, was Sie eigentlich wollen.

Beratungsstellen für Selbständige werden Ihnen dabei helfen, den richtigen Weg zu finden. Hier erfahren Sie unter anderem, ob Ihr Konzept so attraktiv ist wie Sie glauben. Mit Kritik und Offenheit müssen Sie in Ihrer neuen Position als Existenzgründer umzugehen lernen – auch, wenn man es lieber hat, für die eigene Kreativität gelobt zu werden. Andererseits waren Ideen wie das Social Network auch irgendwann einmal neu und unbekannt. Letztlich entscheidet der Zufall, wie wirkungsvoll die Idee ist.

Auf die Idee kommt es an

Neue Ideen braucht die Welt. Aber auch mit einer solchen ist der Erfolg noch lange nicht garantiert. Wenn

Sie beispielsweise eine bestehende Firma mit Zusatzleistungen aufwerten wollen, dann müssen Sie sich zumindest um die Kundschaft keine großen Sorgen machen. Ganz ohne zeitlichen Druck lässt sich ausprobieren, inwieweit Ihre innovativen Ideen bei den Kunden ankommen. Sollte der Plan nicht aufgehen, haben Sie immer noch den Rückhalt durch die Teile des Unternehmens, die sich bereits etabliert haben. Anders ist es, sich für ein komplett neues Konzept einzusetzen und dieses potentiellen Käufern schmackhaft zu machen. Das Finden von Nischen sollte unbedingt auf Bereiche basieren, deren Funktionalität bereits erwiesen ist.

Ein Beispiel: Sie kaufen einen Imbiss, der aufgrund persönlicher Umstände veräußert wird, dem es aber wirtschaftlich gut geht. Tag für Tag rennen Ihnen Stammkunden die Türen ein, um genau das zu bekommen, was sie bereits kennen. Wenn Sie das Konzept um Ihre persönlichen Ideen erweitern möchten, dann sollten Sie tunlichst nicht gleich alles auf den Kopf stellen. So bleiben Ihnen die Kunden erhalten, und möglicherweise kommen Ihre neuen Gerichte sogar richtig gut bei den skeptischen Besuchern an. Starten Sie hingegen einen eigenen Betrieb, dann stehen Sie gleich vor mehreren Problemen. Ihre Gerichte müssen überzeugen, und dazu braucht es Kunden. Umsätze zu generieren, dauert in der Regel wesentlich länger.

Neueinstieg teurer als Übernahme

Ob Sie ein komplett neues Geschäft eröffnen oder sich für ein bestehendes entscheiden, das hat auch finanzielle Auswirkungen. Die Ladenausstattung, soweit erforderlich, lässt sich vom Vorbesitzer erfahrungsgemäß kostengünstig übernehmen – ebenso wie gegebenenfalls vorhandene Ware und dergleichen. Natürlich sollte trotzdem nur ein Unternehmen übernommen werden, das finanziell gut aufgestellt ist. Wer Firmen mit einer Investition aus der Pleite retten möchte, der braucht nämlich weit mehr als einige tausend Euro; allen voran die Erfahrung, im letzten Moment die Kurve zu kriegen.

Sie müssen sich unbedingt Gedanken machen, welche Variante für Sie in Frage kommt. Haben Sie genügend Kapital oder brauchen nicht gerade die größten Geschäftsräume, dann ist alles in bester Ordnung. Sofern jedoch nur wenig Budget vorhanden ist, bietet sich mit der Übernahme eine gute Alternative. Da potentielle Kunden bevorzugt die Dinge beanspruchen, die sie bereits kennen, haben Sie es mit einem funktionierenden Konzept natürlich einfacher. Ob aber der einfachste Weg automatisch am lukrativsten ist, das gilt es herauszufinden.

Branche checken und Planung anpassen

Damit Ihre Selbständigkeit schnell und gut anlaufen kann, brauchen Sie in jedem Fall eines: Branchenkenntnisse. Schauen Sie sich an, wie viele Unternehmen mit ähnlichen Leistungen es in Ihrer Umgebung gibt. Das Einzugsgebiet, das bei dem Check-Up im Auge behalten werden muss, richtet sich unter anderem nach der Infrastruktur. Niemand wird beispielsweise 50 Kilometer weit fahren, um Käsebrötchen zu kaufen. Für ein schickes Hochzeitskleid oder einen Oldtimer fahren Liebhaber jedoch auch deutlich weiter. Sie sollten alle Infos über "Ihre" Branche einholen, die es irgendwo gibt. Das Internet wird Ihnen auch dabei ein guter Berater sein.

In Ihre Argumentation bei Investoren können Sie genau dieses Thema mit einfließen lassen. Nehmen wir an, Sie sind Fachmann für Taucherausrüstung, das nächste spezialisierte Geschäft ist aber 80 Kilometer von Ihrem Heimatort entfernt. In diesem Fall würde sich eine neue Selbständigkeit durchaus lohnen – vorausgesetzt, die Nachfrage ist entsprechend groß. Während in den Bergen kaum jemand taucht, kommen Sie mit einem solchen Konzept in unmittelbarer Nähe zum Meer besonders gut an. Von Angebot und Nachfrage machen Sie dann abhängig, ob Sie sich eine Übernahme zutrauen oder ob es erforderlich ist, komplett neu durchzustarten.

Was ist ein Franchise-Unternehmen?

Sich als Franchise Partner selbständig zu machen hat Vor- und Nachteile. Die Geschäftsform ist gerade in den letzten Jahren immer beliebter geworden. Doch was bedeutet überhaupt Franchising? Die Unternehmensform vermischt direkten und indirekten Verkauf. Beispiele gibt es in zahlreichen Branchen, zum Beispiel bei Burger Ketten, Bäckereien oder auch Handy-Shops. Das ursprüngliche Unternehmen hat in der Regel einen hohen Bekanntheitsgrad und sucht ganz gezielt nach Interessenten, die als Franchise-Partner ins Konzept einsteigen möchten. Die Nutzung des Konzeptes erfolgt in den meisten Fällen regional, wobei es inzwischen auch Internetgeschäfte gibt, die ähnlich funktionieren. Hierbei redet man allerdings von Affiliate-Programmen, die sich in diversen Punkten vom klassischen Franchising unterscheiden.

Franchisenehmer kann im Grunde genommen jeder werden, der Lust auf eine Selbständigkeit und das notwendige Budget hat. Möchten Sie von einem Konzept profitieren, wird nämlich ein Entgelt fällig – zuzüglich zu den Kosten, die für die Pacht des Ladenlokals, Strom, Wareneinkauf und Co. entstehen. Der größte Vorteil ist, dass Ihnen von Seiten des Franchisegebers zahlreiche Hilfestellungen geboten werden. Sie erhalten eine umfassende Einarbeitung und Ihnen werden Marken-Produkte sowie Marketinginstrumente zur Verfügung gestellt. Dadurch bietet sich ein verhältnismäßig simpler Einstieg in die Selbständigkeit. Schließlich schöpfen Sie aus der Erfahrung eines Unternehmens, das bereits bekannt ist und hohe Umsätze erwirtschaftet. Sie erhalten außerdem die Nutzungsrechte an Markennamen und Produkten, müssen allerdings genau darauf achten, dem Konzept gerecht zu werden.

Um als Franchisenehmer erfolgreich sein zu können, müssen Sie entweder die Dienstleistungen oder aber Waren des Unternehmens vertreiben. Rein rechtlich gesehen agieren Sie dabei tatsächlich selbständig. Die Ausstattung für das notwendige Ladenlokal wird Ihnen gestellt, kostet lediglich einen Bruchteil dessen, was Sie für eine eigene Einrichtung bezahlen müssten. Die einheitliche Optik ist für den Wiedererkennungswert immens wichtig, weswegen Franchisegeber genau darauf bestehen. Ein großer Vorteil ist, dass sich die monatlichen Fixkosten – Gebühren und dergleichen – recht gut abschätzen und in Ihre finanzielle Planung einbeziehen lassen. Trotz dass Sie im Grunde genommen Ihr eigener Chef sind, müssen Sie vertragliche Bedingungen erfüllen und sich an Anweisungen von ganz oben halten. Möglicherweise werden Sie genau das erst einmal als störend empfinden, doch andererseits liegt die Verantwortung für das Geschäft eben nicht ausschließlich bei Ihnen. Die Entlastung ist für viele Existenzgründer, die den Weg als Franchise-Nehmer wählen, sehr hilfreich. Gerade das Thema Buchhaltung wird Ihnen zumindest teilweise abgenommen.

Sie sollten sich gut überlegen, ob Franchising das Richtige für sich ist. Wie alle Formen der Selbständigkeit gibt es eben auch hier nicht ausschließlich Vorteile. So kann es unter Umständen eine ganze Weile dauern, bis Sie mit dem Unternehmen durchstarten können. Grund dafür sind umfangreiche Schulungen, denen Sie in den ersten Monaten beiwohnen müssen. Die Ausbildung kann Ihnen auf dem späteren Weg natürlich sehr nützlich sein, bremst auf der anderen Seite jedoch deutlich aus. Außerdem stehen Sie immer unter den wachsamen Augen des Franchisegebers. Er hat verschiedene Rechte – darunter auch, Ihren Betrieb jederzeit zu überprüfen und nachzuschauen, ob alles zufriedenstellend läuft.

Läuft bei Ihrem Franchise Betrieb etwas schief, sind Sie allein dafür verantwortlich und müssen gegebenenfalls auch rechtliche Konsequenzen tragen. Es wird vertraglich festgehalten, dass Sie in eigenem Namen handeln. Die folgenden Aspekte machen ein Franchise-Unternehmen darüber hinaus aus:

- Sie arbeiten mit dem Franchisegeber zusammen und unterliegen vertraglichen Vereinbarungen. Wie lange die Zusammenarbeit läuft, wird ebenfalls festgelegt.

- Sie dürfen Markennahmen, Produkte und Dienstleistungen offiziell verwenden. Dafür müssen Sie jedoch einen gewissen Betrag bezahlen, der monatlich, vierteljährlich oder jährlich fällig wird. Man kann dies mit einer Art Lizenzgebühr vergleichen.

- Ihnen steht das Recht zu, sich beim Aufbau Ihres Unternehmens unterstützen zu lassen. Auch erhalten Sie je nach Franchise-Art Hilfe während des bereits laufenden Betriebs, werden geschult und kriegen wertvolles Wissen vermittelt.

- Jedes Franchise Unternehmen unterliegt einem Gebietsschutz. Geschult werden Sie mithilfe von Handbüchern und verschiedenen anderen Trainingsmethoden. Die Vertragsunterlagen sind grundsätzlich auszufüllen, bevor eine Zusammenarbeit bestehen kann. Der Franchise-Geber übernimmt außerdem die Standortanalyse. So bleibt Ihnen dieser sonst aufwändige Schritt erspart.

Sofern sich ein Franchisegeber nicht an die vertraglichen Vereinbarungen hält oder nicht wahrheitsgetreu über Ihre Aufgaben aufklärt, haben Sie das Recht, vom Vertrag zurückzutreten. Insgesamt ist das Risiko bei dieser

Unternehmensform deutlich geringer als bei einem eigenen Betrieb, den Sie ganz ohne die Unterstützung aufbauen möchten. Noch bis vor einigen Jahren war Franchising vor allen Dingen in der Lebensmittelbranche sehr beliebt. Inzwischen kommen aber auch immer mehr Dienstleister, wie zum Beispiel Autovermietungen, hinzu.

Sofern Franchising eine Option für Sie ist, finden sich gerade online etliche hundert Möglichkeiten, in diesem Bereich Fuß zu fassen. Achten Sie aber unbedingt darauf, nicht gleich irgendwelche Verträge zu unterschreiben. Die Finanzierung der Räumlichkeiten sowie Folgekosten müssen gut kalkuliert sein, zumal auch ein laufendes Unternehmen nicht automatisch hohe Umsätze verspricht. Die Anlaufzeit verkürzt sich zwar, doch auch als Franchisenehmer müssen Sie zunächst einiges an Geld in die Hand nehmen.

Wie funktionieren Partnerprogramme online?

Partnerprogramme im Internet boomen wie nie zuvor. Nahezu jede Branche hat den Vorteil von Affiliates, also Geschäftspartnern mit eigenen Shops, für sich entdeckt. Doch was mach Affiliate Marketing aus und handelt es sich hierbei tatsächlich um eine Selbständigkeit, die sich für Sie lohnen kann? Im Folgenden möchten wir Ihnen einen ersten Eindruck des Konzepts vermitteln und Ihnen aufzeigen, wie große Ihre Gewinnspanne unter Umständen sein kann. Der erste Vorteil vorweg: Sie brauchen kein eigenes Ladenlokal, keine Büros und auch Waren müssen Sie üblicherweise nicht lagern.

Partnerprogramme, die heute als Affiliate Marketing bezeichnet werden, fanden ihren Ursprung vor einigen Jahren in Amerika. Hier hat man ganz offensichtlich schon sehr früh gemerkt, dass durch diese Geschäftsform eine Win-Win Situation für Unternehmen und deren Partner entsteht. Im Grunde genommen müssen Sie lediglich Waren oder Dienstleistungen vermarkten, um eine zuvor festgelegte Provision bei jedem Verkauf zu erhalten. Das System wird bevorzugt von Online Shops angeboten, die durch Ihre Werbung bekannter werden und Umsätze erwirtschaften. Ihr Fleiß soll natürlich nicht unbeantwortet bleiben, und es gibt Affiliates, die es zu Reichtum gebracht haben. Allerdings reicht es kaum aus, eine Webseite zu erstellen und ein paar Werbeanzeigen zu schalten. Genau deshalb scheitern so viele Partner regelmäßig; weil sie sich die Existenz als Affiliate leider viel zu einfach vorstellen. Natürlich geht es darum, potentielle Kunden von Ihrer Internetpräsenz in den Shop zu lotsen, damit diese möglichst etwas kaufen. Ein erfolgreicher Abschluss führt zur Provision. So einfach das Ganze klingt, ist es aber letztlich doch nicht. Wichtig für Selbständige in Partnerprogrammen ist es, über Monate hinweg am Ball zu bleiben. Von allein läuft das Marketing nämlich nicht an.

Wie viel Umsatz sie beim Partnerprogramm generieren, das hängt logischerweise von Ihrem Erfolg ab. Je mehr Kunden Sie für das Unternehmen gewinnen können, desto besser. Vor allen Dingen werden Ihnen spätere Käufe einmal geworbener Kunden regelmäßig zugeordnet. Nach einigen Jahren kann sich deshalb auch diese Form der Selbständigkeit lohnen. Nehmen wir an, Sie betreiben bereits eine Webseite, die sich über hohe Besucherzahlen freut. Hier verlinken Sie nun das Partnerprogramm, mit welchem Sie zusammenarbeiten möchten. Klicken Ihre Besucher auf den Banner, kaufen aber nichts aus dem angebotenen Shop, gibt es für Sie leider keine Provision. Erst wenn es zum Kauf oder aber – am Beispiel von Versicherungen – zu einem so genannten Lead (Vergleich) kommt, wird Ihnen der vereinbarte Betrag gutgeschrieben. Die Höhe richtet sich prozentuell nach dem Wert der vermittelten Leistung / des verkauften Produkts.

Wichtig bei Partnerprogrammen ist Sorgfalt. Je hochwertiger Sie Ihre Werbung aufbereiten und je besser sich diese bei gängigen Suchmaschinen finden lässt, desto schneller stellt sich der Erfolg rein. Quantität ist eben nicht alles, was bei solchen Existenzen zählt. Unabhängig davon gibt es diverse Methoden, die beim Affiliate Marketing Anwendung finden. Der Vorteil für die Firma, die Partnerprogramme anbietet, liegt auf der Hand: Es werden erst dann Ausgaben fällig, wenn der Partner tatsächlich Kunden vermitteln könnte. Sie als

Partner werden von Ihrem Fleiß profitieren. Je mehr Zeit Sie investieren, desto mehr Geld erwirtschaften Sie. Hinzu kommt, dass die Kosten für die Existenzgründung schwindend gering sind – was sich gerade für Menschen anbietet, deren Budget begrenzt ist und die keine Finanzierung erhalten.

Affiliat Marketing ist eine gute Option für alle, die sich nebenberuflich selbständig machen beziehungsweise ein zweites Standbein aufbauen wollen. Im Bereich der Partnerprogramme gibt es außerdem weitere Unterschiede zwischen den Möglichkeiten, die sich Ihnen bieten. Sind Sie nicht der geborene Verkäufer, dann empfiehlt sich der Einstieg in Branchen wie Versicherungen. Hier erhalten Sie nämlich oftmals auch Provisionen, sobald Ihre Besucher über den Affiliate Link einen Versicherungsvergleich durchgeführt haben. Der Abschluss, also Verkauf, wird dabei deutlich lukrativer vergütet. Das Prinzip ist bei allen Versionen dasselbe: Sie bauen Banner oder Links auf Ihre Seiten ein, Interessenten werden auf die Webseite des Unternehmens geführt und Ihrer Partner-ID zugeordnet, und sobald die gewünschte Handlung erfolgt ist, schreibt die Firma die entsprechende Provision gut.

Im Folgenden möchten wir kurz erläutern, welche Unterschiede es zwischen den Partnerprogrammen gibt:

- Pay per Click: Sie verlinken das Unternehmen, ein Interessent klickt diesen Link und es wird eine Provision ausgezahlt. Meist handelt es sich nur um wenige Cent. Diese Option ist also nicht sonderlich rentabel – in der Summe aber allemal geeignet für einen Nebenverdienst.

- Pay per Lead: Vergleicht der über Ihren Link gefundene Interessent Versicherungen oder andere Angebote des Unternehmens, werden Sie ebenfalls belohnt. Der Abschluss ist dazu nicht erforderlich. Als Lead werden auch Bestellungen von Newslettern oder Downloads von Informationen bezeichnet.

- Pay per Sale: Mit dieser Methode verdienen Sie sicherlich am meisten. Ein bestimmter Prozentsatz der Summe, die ein verkauftes Produkt einbringt, steht Ihnen bei Vermittlungen zu.

Neben den vorgenannten gibt es diverse weitere Modelle, die sich lohnen können. Die genauen Konditionen hängen vom Unternehmen selbst ab. In der Regel steht es Ihnen frei, gleich mehrere Partnerprogramme zu nutzen, um sich ein stattliches Haupt- oder Nebeneinkommen zu sichern. Beachten Sie dabei, dass ab einem gewissen

Umsatz Kosten entstehen – darunter Steuern, Versicherungsbeiträge und dergleichen.

Lohnt sich Network Marketing?

Vermögend sind nach wie vor die wenigsten. Doch wenn es sich überhaupt ein Weg bietet, Reichtum zu erzielen, dann ist es der in die Selbständigkeit. Sie birgt zwar Risiken, doch mit dem richtigen Konzept kann es Ihnen schon nach wenigen Jahren deutlich besser gehen als in jedem festangestellten Verhältnis. Immer wieder ist die Rede von Network Marketing. Gerade in diesem Bereich gibt es zahlreiche schwarze Schafe, von denen wir nur dringend abraten können. Um solche dubiosen Unternehmen zu erkennen, muss man erst einmal wissen, was Network Marketing – oder MLM – ist und welche Unterschiede es zwischen den Modellen gibt. Diese Form der Existenz hat mit den zuvor erklärten Partnerprogrammen nicht allzu viel gemeinsam, wobei es ein paar Parallelen gibt. Der Unternehmer sind Sie selbst. Allerdings stehe wie beim Partnerprogramm andere Firmen für die Herstellung der Produkte ein, die Sie am Ende vermarkten. Sie benötigen also kein Geld für die Lagerung der Waren, und auch im Falle von Dienstleistungen haben Sie selbst ein überschaubares Budget aufzubringen – in der Regel für Partnerlizenzen, die Sie zum Empfang von Provisionen berechtigen.

Beim Network Marketing arbeiten in der Regel gleich mehrere Partner über- und untereinander. Als Angestellter belohnt Sie der Chef für Ihre reine Arbeitszeit. Betreuen Sie in der Selbständigkeit jedoch weitere Vertriebspartner, so wird Ihnen auch dafür eine Provision gezahlt. Die Voraussetzung ist natürlich, dass alle Partner Leistung zeigen und es schaffen, Produkte zu vermarkten. Wie weit Sie die Down Line nach unten weiterführen können, das hängt vom gewählten Unternehmen ab. Oftmals wird die Anzahl der Partnerebenen festgelegt, für die Sie Provisionen erhalten. Sie verdienen also nicht das meiste Geld, indem Sie selbst Fleiß an den Tag legen. Die Summe aller Partner ist es, die Sie zu Vermögen führen kann.

Wenn man es geschickt und darüber hinaus der geborene Verkäufer ist, dann ist die Selbständigkeit im Bereich Network Marketing respektive MLM durchaus rentabel. Sofern Sie Ausdauer haben, multipliziert sich das Einkommen in den ersten Jahren schlagartig um ein Vielfaches – Sie selbst können in diesem Fall schon bald die Füße hochlegen und Ihren Kontostand genießen. Jedoch ist die Dynamik, die hier entstehen kann, noch lange nicht garantiert. Wie bei jeder Existenzgründung kommt es auf Ihren eisernen Willen und auf Durchhaltevermögen an. Mit ein paar Werbeanzeigen ist Ihre Arbeit längst nicht erledigt. Je mehr Stunden Sie täglich intensiv an Ihrem Erfolg arbeiten, desto schneller beginnt sich der Job zu lohnen. Unzählige Online-Schulungen kommen auf Sie zu, für die entsprechend viel Zeit vorhanden sein muss.

Einer der größten Vorteile am Network Marketing ist der, dass Sie nicht auf sich selbst gestellt sind. Ihre Mentoren werden Sie Schritt für Schritt in die Materie einführen und Ihnen Wege aufzeigen, wie sich das Geschäft weiterentwickelt. Jedoch werden Sie spätestens an dieser Stelle vielfach Enttäuschungen erleben, denn hier zeigt sich, welches Konzept tatsächlich seriös ist. Die Erfahrung hat uns gelehrt, dass die meisten Network Marketing Partner am Ende doch nur auf ihren eigenen Gewinn bedacht sind. Statt Sie zu unterstützen, werden Sie bereits nach wenigen Tagen allein gelassen und können nur darauf hoffen, dass alles gut geht. Wer keine Erfahrung mit dieser Geschäftsform hat, kann kaum etwas erreichen und verliert in der Regel ganz schnell die Geduld. Außerdem brauchen Sie Talent, um Partner und Kunden für sich begeistern zu können. Telefonieren gehört bei dem Job zu Ihren Hauptaufgaben. Überzeugen Sie Menschen davon, dass sich das Geschäft lohnt und dass die angebotenen Produkte unschlagbar sind; nur auf diese Weise wird sich Ihr Konto füllen.

Ein geschultes Auge für das, was potentielle Kunden brauchen, kann beim Network Marketing nur von Vorteil sein. Je besser Sie die Bedürfnisse wahrnehmen, desto eher werden Sie Mittel und Wege finden, angebotene Produkte zu vermarkten. Ganz einfach ist das Business leider nicht, und genau deshalb eignet sich MLM auch nicht für jeden. Verlangt Ihnen das Unternehmen

Lizenzgebühren ab, dann sollten Sie sich erst recht zwei Mal überlegen, ob die Branche die richtige für Sie ist. Die Kosten sollten in jedem Fall im Rahmen bleiben, und Sie müssen selbst davon überzeugt sein, Ihren Weg in dem Unternehmen zu gehen. Rein rechtlich sind Sie übrigens auch in dieser Situation selbständig und handeln im eigenen Interesse. Verantwortlich ist die Firma nicht für Ihr Handeln, was in speziellen Verträgen deutlich festgehalten wird. Ob Sie untergehen oder erfolgreich werden, das liegt allein in Ihrer Hand.

Network Marketing können Sie im Endeffekt auf zwei Arten zu "Ihrem Geschäft" machen: Entweder versuchen Sie einfach, sich auf die Partnersuche zu fokussieren, oder aber Sie schlagen den Weg als Vertriebspartner ein. Welche Option die bessere ist, häng von Ihren persönlichen Fähigkeiten ab. Schlechte Verkäufer können auf dem wachsenden Markt durchaus Fuß fassen, indem Sie verkaufsstarke Partner unter sich versammeln. Diese wiederum generieren den größten Umsatz, von welchem Sie selbst einen Teil abbekommen werden.

Unterschied Gewerbe und Freiberuf

Selbständigkeit kennt viele Wege. Auch Freiberufler arbeiten im Endeffekt selbständig ohne Arbeitgeber, unterliegen aber anderen gesetzlichen Regelungen. Vor allen Dingen die Steuern sind deutlich niedriger als bei einem Gewerbetreibenden. Wenn Sie nicht der geborene Buchhalter sein sollten, haben Sie gleich einen Grund mehr, über eine freiberufliche Tätigkeit nachzudenken. Die vereinfachte Buchführung macht es selbst Laien einfach, den Überblick zu bewahren. Bevor Sie Ihre Existenzgründung in die Wege leiten, sollten Sie zwingend die vielen Unterschiede zwischen Gewerbe und Freiberuf kennen. Davon gibt es nämlich weit mehr als jedem Laien bewusst ist. Es geht bereits damit los, dass die Anmeldung variiert. Einen Gewerbeschein brauchen Freiberufler beispielsweise nicht, und so fallen für diese Branchen letztlich auch keine Gewerbesteuern an.

Sind sie freiberuflich tätig, dann handelt es sich zwar um eine Selbständigkeit, doch in der Realität gibt es zwischen den beiden Arten des vom Arbeitgeber unabhängigen Verhältnisses deutliche Unterschiede. Auch haben Freiberufler nichts mit freien Mitarbeitern zu tun, wie sie beispielsweise in der Presse respektive in Redaktionen tätig sind. Um die Verwirrung zu komplettieren, kommt früher oder später die Einkommensteuererklärung auf Sie zu, die irreführender kaum sein könnte. In den Formularen finden Sie beispielsweise den Abschnitt "Einkünfte aus selbständiger Tätigkeit", in welchem Sie Ihr freiberuflich erwirtschaftetes Einkommen eintragen müssen. Freiberufler arbeiten ebenso wie Gewerbetreibende auf eigene Rechnung. Geht es darum, sich abzusichern – also Krankenkasse, Rente und Co. – bestehen zwischen den beiden Bereichen lediglich ein paar Unterschiede, die an dieser Stelle nicht nennenswert sind. Sie können nämlich immer selbst entscheiden, ob Sie weiterhin in der gesetzlichen Krankenkasse bleiben oder aber in die private Versicherung wechseln möchten. In Deutschland besteht außerdem Rentenversicherungspflicht; egal, ob Sie ein Gewerbe führen oder freiberuflich arbeiten.

Das Einkommensteuergesetz gibt ganz klar vor, welches Freie Berufe sind und für welche Branchen Sie einen Gewerbeschein besitzen müssen. Schon vor rund einem halben Jahrhundert entstand eine Liste, aus der sich alle Katalogberufe ersehen lassen. Diese lassen sich im Endeffekt ganz schnell und einfach zusammenfassen, und zwar in folgende übergreifende Branchen:

1. Informationsvermittelnde Berufe: Hierzu zählen Künstler und Publizisten, Journalisten, Übersetzer, Wissenschaftler und auch Lehrer sowie Erzieher.
2. Rechtsberatende Berufe: Anwälte aller Art sowie Notare, Steuerberater und Betriebswirte fallen in diese Kategorie.
3. Heilberufe: Mediziner, Heilpraktiker, Gymnasten, Hebammen und Psychologen werden hier zusammengefasst
4. Technische und wissenschaftliche Berufe: Ingenieure, Architekten, Sachverständige, Lotsen

und ähnliche Berufe mit wissenschaftlichem oder technischem Charakter

Die Liste der weiteren Katalogberufe ist lang. Im Einzelfall lassen Sie sich am besten durch einen Steuerberater darüber in Kenntnis setzen, ob Ihre Existenz in den Bereich der Freiberuflichkeit fällt. In den vergangenen 50 Jahren sind natürlich etliche neue Berufsbilder hinzugekommen, die bei der Liste gar nicht berücksichtigt werden konnten. Diese werden als "ähnliche Berufe" grob angeschnitten. Kommt es zu Unstimmigkeiten, dann ist es gegebenenfalls notwendig, den gewünschten Beruf von einem Gericht prüfen zu lassen – vor allen Dingen auch, um unnötige Kosten eines Gewerbetreibenden ausschließen zu können.

Dementgegen stehen klassische Betriebe, die sich ebenfalls ganz einfach auf den Punkt bringen wollen. Sind Sie Existenzgründer in den Branchen Handwerk, industrielle Fertigung, Gastronomie, Vertreter, Agenturen, Vermögensberater oder dergleichen, kommen Sie weder um die Beschaffung des Gewerbescheins noch um die dadurch entstehenden, zusätzlichen Steuern herum.

Steuerrechtlich gesehen besteht der größte Unterschied letztlich in vorgenanntem Punkt. Freiberufler werden zu keinem Zeitpunkt Gewerbesteuern zahlen müssen. Dabei spielt es keinerlei Rolle, wie hoch der erwirtschaftete Jahresumsatz ausfällt. Die Vorteile dieser künstlerischen, freischaffenden Berufe liegen demnach klar auf der Hand. Und auch sonst genießen Freiberufler eine Vielzahl steuerlicher Vorteile.

Einen weiteren Grund, sich als Freiberufler zu behaupten, liefert der versicherungstechnische Aspekt. Freischaffende Künstler und Publizisten sind dazu verpflichtet, sich bei der Künstlersozialkasse anzumelden. Dort wird nochmals darauf geschaut, ob Sie in die Rubriken fallen, die der Regelung unterliegen. Sollte dem so sein, werden – ausgehend vom geschätzten Einkommen des folgenden Geschäftsjahres – alle Beiträge für die Kranken-, Pflege- und Rentenversicherung festgelegt. Die Hälfte aller anfallenden Kosten trägt die KSK ähnlich wie ein Arbeitgeber. Durch diese Institution werden Sie also zusätzlich entlastet, was sich gerade in den ersten Jahren positiv auf Ihr Unternehmen auswirken kann. Hinzu kommt, dass Existenzgründer von verminderten Beitragsbemessungsgrenzen profitieren – je nach Umsatz sogar die ersten drei Jahre lang.

Sind die Unterschiede erst einmal klar, können Sie umso einfacher entscheiden, welche Unternehmensform in Frage kommt. Letztlich wird die Antwort auch damit begründet sein, dass Sie natürlich nicht als Journalist tätig werden, wenn Ihre Ausbildung im Handwerk stattgefunden hat. Existenzgründer sollten unbedingt ihre persönlichen Stärken und Schwächen in den Vordergrund stellen - auch, wenn die Vorteile eines freien Berufes sehr dominieren. Als geborener Handwerker steht es Ihnen frei, eine Selbständigkeit in der gelernten Branche anzustreben. Wir empfehlen, sich in diesem Fall an Handwerkskammern zu wenden und sich dort eingehend zu Ihren Plänen beraten zu lassen.

Hauptberuflich durchstarten?

Nicht jede Selbständigkeit muss vom ersten Tag an in Vollzeit durchgezogen werden. Wenn Sie aber ohnehin keine weiteren beruflichen Verpflichtungen haben, dann ist es natürlich anzuraten, so viel Zeit wie irgend möglich in die Existenzgründung zu investieren. Ein Job von 9 – 17 Uhr ist die Selbständigkeit definitiv nicht. Gerade in den ersten Jahren verlangt Ihnen das Unternehmen Ihr ganzes Herzblut und jede Menge Ausdauer ab. Bis der geplante Betrieb erst einmal ans Laufen kommt, müssen Sie locker den gesamten Tag ins Werben, Erstellen von Konzepten und Kalkulieren stecken.

Sicherlich werden Sie in der hauptberuflichen Selbständigkeit sehr viel Zeit investieren müssen. Gleichzeitig ist das Risiko hoch, sich sofort von einem möglicherweise vorhandenen Arbeitgeber zu lösen. Sofern Kapital vorhanden ist und Sie sich sicher sind, mit

Ihrem Konzept Erfolg zu haben, spricht letztlich nichts dagegen, diesen Weg zu gehen. Gerade in den ersten Jahren werden viele Stunden ins Land ziehen, in denen Sie sich ausschließlich um das Unternehmen kümmern. Dessen müssen Sie sich bewusst sein. Anders als eine nebenberufliche Selbständigkeit verlangt Ihnen die klassische Variante sofortige Amtsgänge ab. Sie müssen sich beispielsweise selbst krankenversichern, um die Rente kümmern und idealerweise schließlich Sie in diesem Zuge auch direkt eine Arbeitslosenversicherung ab. Sollte der Betrieb nämlich nicht anlaufen wie gewünscht, steht Ihnen andernfalls keine Unterstützung durchs Arbeitsamt zu.

Eine der größten Hürden bei der hauptberuflichen Selbständigkeit ist tatsächlich der Aspekt der Krankenversicherung. Ab einem bestimmten monatlichen Einkommen wird der Mindestbeitrag fällig, den das Gesetz irgendwann einmal festgelegt hat. Dieser liegt jedoch weit über dem mindestens zu erwirtschaftenden Einkommen. Sie müssen deshalb entweder über genügend Rücklagen für die gesundheitliche Absicherung verfügen, oder aber Sie erwirtschaften schon zu Beginn deutlich mehr als Sie in die Versicherung investieren müssen. Ähnlich verhält es sich mit der Pflegeversicherung. Lediglich bei der Einzahlung in die Rentenkasse gibt es keine Mindestbemessungsgrenze. Sie können letztlich nur das zahlen, was Ihnen auch tatsächlich zur Verfügung steht. Um diese Tatsache wissen die staatlichen Rententräger, zumal es Ihnen gleichzeitig freisteht, sich für eine alternative Rentenabsicherung zu entscheiden – meist zu günstigeren und besseren Konditionen.

Die Kosten, die durch eine hauptberufliche Selbständigkeit entstehen, sollten Sie auf keinen Fall unterschätzen. Im Idealfall lassen Sie sich bereits vor der Existenzgründung von Ihrer Krankenkasse beraten – oder aber von Stellen, die sich auf diesen Bereich spezialisiert haben. Wo Nachteile sind, da entstehen Ihnen auf der anderen Seite aber auch gewisse Vorteile. Schließlich fokussieren Sie sich als hauptberuflich Selbständiger allein auf Ihr Startup-Unternehmen. Umso schneller werden Sie erste Erfolge spüren. Es fehlt zwar die Absicherung durch einen festen Arbeitgeber, doch letzten Endes macht dies für Arbeitslose, die ihrem täglichen Trott entkommen wollen, ohnehin keine große Rolle. Wie schnell sich die Selbständigkeit lohnt, hängt außerdem von weiteren Faktoren ab – darunter der Branche, der Zielgruppe und der Frage, wie viel Geld Sie zum Starten in die Hand nehmen müssen. Entscheiden Sie sich für ein kostengünstiges Konzept, ist der Umsatz natürlich recht schnell positiv. Anders verhält es sich, wenn zunächst tausende Euro in Technik, Warenherstellung und Räumlichkeiten gesteckt werden müssen.

Nehmen Sie durch Ihr eigenes Unternehmen mehr Geld ein als durch den parallel ausgeführten Job im Angestelltenverhältnis, so werden Sie vom Gesetz automatisch als hauptberuflich selbständig eingestuft – und müssen die entsprechenden Versicherungsbeiträge aus eigener Kraft aufbringen. Wir möchten an dieser Stelle gleich vor der privaten Krankenversicherung warnen. Ab einem gewissen Einkommen haben Sie zwar die Option, dorthin zu wechseln. Da Behandlungskosten aber in Vorkasse gezahlt werden müssen, treibt diese Versicherungsform so manchen Existenzgründer in den wirtschaftlichen Ruin. Die günstigeren Beiträge werden Ihnen lediglich kurzfristig helfen, zumal es nach wie vor schwierig ist, sich wieder anders zu entscheiden und zurück in die gesetzliche Krankenkasse zu wechseln.

Da Sie für eine hauptberufliche Selbständigkeit erfahrungsgemäß deutlich mehr Kapital benötigen, sollten Sie Ihre Finanzen besonders gut im Blick haben. Ist Ihr Budget wirklich hoch genug, um sich gleich ein Ladenlokal zu mieten, den ganzen Tag geöffnet zu haben und die Nebenkosten zu tragen? Wenn ja, dann bleibt uns nur, Ihnen einen erfolgreichen Start ins Geschäftsleben zu widmen. Die Alternative "nebenberufliche Selbständigkeit" ist gerade denen zu empfehlen, die sich und ihr Konzept erst einmal ohne großes Risiko ausprobieren möchten. Nach ein paar Monaten wissen Sie definitiv, ob Sie für das Leben als Selbständiger gemacht sind und ob Ihr Unternehmen eine realistische Chance hat, langfristig zu bestehen. In diesem Fall können Sie sich natürlich immer noch dazu entscheiden, den Fokus auf die Existenz zu legen.

Welchen Umfang die Selbständigkeit am besten hat, hängt immer auch ein bisschen von der Branche ab. Sollten Sie lediglich ein Partnernetzwerk aufbauen und Ihr Glück als Affiliate versuchen wollen, ist es nicht unbedingt notwendig, dies gleich hauptberuflich zu tun. Wer jedoch einen Handwerksberuf ausübt, kommt mit einer nebenberuflichen Existenz nicht allzu weit. Gartenarbeiten und ähnliche Dienstleistungen bilden eine Ausnahme.

Wie funktioniert nebenberufliche Selbständigkeit?

Die nebenberufliche Selbständigkeit ist sozusagen eine risikoarme Alternative im Bereich der Existenzgründung. Wenn Sie sich für diese Option entscheiden, müssen ebenfalls einige wichtige Aspekte beachtet werden. Der Vorteil ist, - wie schon erläutert – dass Sie einen Einstieg in die Welt der Selbständigkeit finden, ohne gleich aufs Ganze gehen zu müssen. Parallel zur Tätigkeit als Angestellter werden Sie herausfinden können, ob die von Ihnen konzeptionierte Geschäftsidee tatsächlich so gut bei potentiellen Kunden ankommt, wie Sie es sich erhoffen. Sollte nun etwas schiefgehen oder Sie benötigen mehr Anlaufzeit als benötigt, haben Sie immerhin die Gewissheit, dass regelmäßig Einkommen erwirtschaftet wird. Insbesondere mit einer Familie im Hintergrund empfiehlt es sich, auf die nebenberufliche Selbständigkeit zurückzugreifen.

Letztlich verlangt Ihnen auch der nebenberufliche Einstieg in die Selbständigkeit einen Geschäftsplan ab – also ein Konzept, das von A bis Z durchdacht ist. Gleichzeitig müssen Sie darüber nachdenken, wie hoch die Investitionen ausfallen. Dass Sie vom ersten Tag an Einnahmen erwirtschaften, ist nämlich nicht allzu wahrscheinlich. Für Angestellte ist die Existenzgründung als zweites Standbein insgesamt eine wunderbare Option. Mehr als 50% aller Selbständigen haben nebenberuflich begonnen. Das ergab eine Studie im KfW Gründungsmonitor aus dem Jahr 2012. Einer der Gründe dafür ist die Tatsache, dass Vollzeitgründer wesentlich häufiger an den immensen Kosten und dem Ausbleiben des gewünschten Umsatzes gescheitert sind. Nebenberuflich selbständig zu sein birgt entsprechend weniger Gefahren. In der Studie wurde auch herausgefunden, dass es vor allen Dingen Frauen sind, die einen Nebenerwerb als Selbständige angehen – und das sogar relativ erfolgreich. Hier spielt der zeitliche Aspekt sicherlich eine Rolle, denn trotz aller modernen Lebensweisen sind Frauen nach wie vor hauptsächlich für die Betreuung der Kinder zuständig; haben also entsprechend weniger Zeit.

Hier nun die Vorteile der nebenberuflichen Selbständigkeit im Überblick:

- Sie haben die Gelegenheit, Ihr Konzept ohne hohes Risiko auf den Prüfstand zu stellen. Gleichzeitig kommt Geld durch den Hauptberuf rein, mit welchem Sie Ihre Selbständigkeit schrittweise ausbauen können.

- Die Gefahr, sich in den Ruin zu wirtschaften, ist deutlich geringer als bei Voll-Selbständigkeiten. Ihre Familie ist auf der einen Seite abgesichert (durch Ihr festes Einkommen), bekommt auf der anderen Seite die Gelegenheit, die Finanzen bei erfolgreicher Existenzgründung zusätzlich zu verbessern.

- Sie stehen nicht so sehr unter Druck, das Geschäft ans Laufen zu bringen. Die nebenberufliche Selbständigkeit erlaubt Ihnen folglich eine flexiblere Zeiteinteilung. Sollte sich das Konzept auch nach Monaten nicht lohnen, können Sie entweder ohne große Folgen aufhören, oder aber Sie überdenken die Geschäftsidee noch einmal.

- Ist Ihr Hauptjob nicht mehr sicher oder die Existenz beginnt sich zu lohnen, steht es Ihnen jederzeit frei, eine volle Selbständigkeit in Angriff zu nehmen und sich nach der Startphase ausschließlich auf Ihr Unternehmen zu konzentrieren.

- Es wird Sie niemand zwingen, hauptberuflich selbständig zu werden. Genügt Ihnen die nebenberufliche Existenz zur Verbesserung des Einkommens, müssen Sie sich um weitere Schritte nicht zwingend Gedanken machen und können alles einfach laufen lassen.

Es ist leider auch bei der nebenberuflichen Selbständigkeit längst nicht alles Gold was glänzt. Die folgenden Nachteile sollten Sie unbedingt bedenken:

- Mit Hauptberuf und Selbständigkeit nebenbei wird Ihnen doppelte Leistung abverlangt – gerade in der Anfangszeit. Die Belastung muss Ihnen bewusst sein, denn auf Dauer können zwei Jobs, von denen Ihnen die Selbständigkeit noch am meisten Verantwortung abverlangt, sehr anstrengend sein.

- Nebenberufliche Existenzen fordern natürlich Zeit. Haben Sie wirklich genug Stunden am Tag übrig, um intensiv an Ihrer Selbständigkeit zu arbeiten?

- Nicht in jeder Branche ist es vorteilhaft, wenn Sie nur zeitweise präsent sind. Kunden, die sofortige Hilfe benötigen, werden Sie mit einer nebenberuflichen Selbständigkeit nicht für sich gewinnen können.

- Es fehlt an der notwendigen Flexibilität, um schnell und zuverlässig handeln zu können. Deshalb empfiehlt sich diese Variante auch nur bedingt und in wenigen Branchen.

Möchten Sie sich aus der Arbeitslosigkeit heraus selbständig machen, dann funktinoniert natürlich auch das nebenberuflich. Ihr Sachbearbeiter wird Sie diesbezüglich beraten. Wichtig ist, dass Sie nicht mehr als 15 Stunden wöchentlich arbeiten, denn ansonsten verfällt der Anspruch auf staatliche Gelder. Zusätzlich zu dem ausgerechneten Betrag vom Amt stehen Ihnen bis zu 165 Euro zu, die Sie verdienen dürfen. Alles darüberhinaus wird auf HartzIV und ALGI angerechnet.

Für Angestellte gilt: Übersteigt das Einkommen aus nebenberuflicher Selbständigkeit den Lohn im Angestelltenverhältnis, müssen Beiträge zur Sozialversicherung gesondert gezahlt werden. Außerdem empfiehlt es sich, den Arbeitgeber über die Pläne zu informieren. Zwar steht es Erwerbstätigen frei, sich nebenberuflich selbständig zu machen. Dies bedarf aber der ausdrücklichen Zustimmung des Unternehmens, für dass sie tätig sind. Unzulässig ist die Gründung eines Unternehmens, das in direktem Konkurrenzverhalten zum Hauptberuf steht.

Wie hoch die Steuern sind, das richtet sich nach den erzielten Gewinnen. Die Masse fließt in das Gesamteinkommen mit ein, Lohnsteuern werden dabei natürlich angerechnet. Hierzu befragen Sie am besten einen erfahrenen Steuerberater, der sich mit dem Mischverhältnis auskennt. Schlussendlich ist es heute nicht mehr untypisch, nebenbei eine Existenz aufzubauen und sich in der ersten Zeit weiterhin auf die feste Anstellung zu stützen, die Ihnen Sicherheit gibt und das Risiko einer totalen Pleite mindert.

Kapitel 4 – richtig werben

Startup Unternehmen sind logischerweise vollkommen unbekannt. Steht das Konzept, sollten Sie deshalb möglichst bald damit beginnen, Ihr Unternehmen zu bewerben. Dies funktioniert auf mehrerlei Weise, wobei nicht jede Werbeform für jede Firma geeignet ist. Welchen Weg Sie einschlagen, das müssen Sie letztlich auch ein wenig vom bestehenden Budget abhängig machen. Ins Fernsehen zu gehen, wäre wahrscheinlich eine der schnellsten Methoden, Aufmerksamkeit zu erregen. Wir gehen an dieser Stelle jedoch davon aus, dass Ihr Kapital für Werbemaßnahmen nicht so gigantisch ist als dass sie gleich weltweit Kunden ansprechen können. Umso wichtiger ist es, sich mit verschiedenen Alternativen auseinanderzusetzen und einen Weg zu finden, den Sie langfristig bewältigen können. Gerade in der heutigen Zeit kommen Sie nicht umher, sich das Internet zunutze zu machen. Hier erreichen Sie mit relativ geringem Aufwand direkt eine Vielzahl an potentiellen Kunden und Interessenten – ohne von Tür zu Tür laufen und auf sich aufmerksam machen zu müssen.

Bei jeder Art von Werbung gilt: Stellen Sie heraus, was gerade Ihr Unternehmen besonders und einzigartig macht. Alleinstellungsmerkmale sind zwar kein Erfolgsgarant, machen es Ihnen aber wesentlich leichter, sich auf dem Markt zu etablieren. Wenn wir davon sprechen, dass Online Werbung gerade in der modernen

Zeit ein Muss ist, dann bedeutet das nicht zwingend, Sie müssen eine Webseite erstellen. Gerade in den ersten Monaten kann diese nämlich gut ins Geld gehen – sofern Sie keine Erfahrung mit der Gestaltung haben und auf professionelle Hilfe durch Webdesigner angewiesen sind. Nehmen wir an, Sie eröffnen in den kommenden Wochen ein Ladenlokal. Am meisten hilft es Ihnen, in sozialen Netzwerken und Kleinanzeigen darauf aufmerksam zu machen. In beiden Bereichen lassen sich auch Dienstleistungen und Produkte ins rechte Licht rücken. Eine werbende Ansprache potentieller Kunden ist dabei besonders wichtig, aber: Übertreiben Sie es nicht! Gerade weil das Internet boomt, sind Nutzer einiges gewöhnt. Immer wieder werden sie mit vermeintlich unschlagbaren Produkten und Konzepten konfrontiert, die sich als Seifenblase herausstellen. Die Skepsis ist entsprechend groß, und genau darauf müssen Sie bei Ihren Werbemaßnahmen Rücksicht nehmen. Transparenz hilft Ihnen dabei, seriös aufzutreten. Sätze wie "Die ultimative Geschäftsidee - jetzt durchstarten" sagt nicht das geringste über Ihr Unternehmen aus und wird eher auf Misstrauen als auf Euphorie stoßen.

Egal, wo und wie Sie werben möchten: Schaffen Sie Vertrauen! Es nützt nichts, einen schicken Webauftritt zu haben, wenn Kunden oder Leser nicht abschätzen können, worum es bei Ihrem Unternehmen überhaupt geht. Insbesondere sind Online Geschäfte wie Affiliate Marketing und MLM gemeint, deren dubioser Ruf den Einstieg in die Selbständigkeit nicht gerade erleichtert. Gehen Sie dagegen einem traditionellen Beruf nach und haben lediglich ein paar neue Produktideen für Ihre potentiellen Käufer, dürfte es deutlich leichter sein, die Zielgruppe zu begeistern – vorausgesetzt natürlich, die Werbung wurde ansprechend und nicht erdrückend gestaltet. Kaufaufforderungen sind in jedem Fall akzeptabel, doch sobald ein Interessent unter Druck gesetzt wird, sucht er ganz schnell das Weite und läuft der Konkurrenz schneller in die Arme als Sie "Werbung" überhaupt aussprechen können.

Wie aufwändig Werbung sein muss, hängt natürlich ein wenig von der Reichweite ab. Möchten Sie lediglich ein Restaurant eröffnen und zunächst Kunden im direkten Umfeld für sich gewinnen, genügen logischerweise regionale Werbemethoden. Verfolgen Sie dagegen das Ziel, Ihr Produkt international berühmt zu machen, sind andere Medien erforderlich – allen voran das Internet. Handwerksbetriebe haben es deutlich einfacher, denn Kunden werden hier im Regelfall ausschließlich aus der direkten Region stammen, sich dagegen nicht mehrere hundert Kilometer Fahrweg antun, um ausgerechnet auf das von Ihnen erstellte Angebot zurückzugreifen.

Die Kosten für alle Formen der von Ihnen geplanten Werbung müssen Sie in Ihre anfängliche Kalkulation mit einbinden. Dazu holen Sie sich am besten schon vor der Existenzgründung verschiedene Angebote von Webdesignern, Druckereien und Internet-Providern ein. Umso einfacher ist es beim Startup, sich für geeignete

Maßnahmen zu entscheiden und diese so mit einzurechnen, dass Ihnen kein finanzielles Loch in der Kasse klafft. Generell kann es nur von Vorteil sein, gerade in den ersten Jahren regelmäßig zu werben. Legen Sie also am besten direkt ein Budget fest, dass Sie monatlich allein für Werbung ausgeben möchten – seien es Flyer, Anzeigen in Zeitungen oder sonstige Optionen, die sich anbieten.

Im Grunde genommen ist richtig werben kein Hexenwerk – wenn Sie wissen, wen Sie ansprechen möchten, wo potentielle Kunden zu finden sind und welche Methoden sich dazu empfehlen. In den folgenden Absätzen gehen wir deshalb ein wenig genauer auf verschiedene Aspekte ein und erklären Ihnen, wie Ihre Werbung zum Erfolg führen kann. Die Angst vor teuren Promo-Maßnahmen können wir Ihnen mit Sicherheit nehmen, denn in der Regel kommt man dank World Wide Web und lokalen Zeitungen relativ günstig davon.

Wo fange ich mit der Werbung an?

Dass Sie Kunden allein durch Werbung an Land ziehen können, das versteht sich eigentlich von selbst. Jedoch stellt sich für die meisten Existenzgründer die Frage, wo genau man am besten mit dem Werben anfängt. Keine Angst: Das so genannte "Klinkenputzen" können Sie sich in Zeiten moderner Technik getrost ersparen. Im Gegensatz zu früher wirkt der persönliche Kontakt mit fremden Personen heutzutage sogar eher lästig für potentielle Kunden. Solange Sie also kein Vertreter für Staubsauger sind, bleiben Sie zum Erstellen und Vertreiben Ihrer Werbung besser Zuhause. Dort ist es bekanntlich ohnehin immer noch am schönsten. Schauen Sie sich an, welche Optionen das Internet zu bieten hat. Pressemeldungen, in denen Sie Ihr neues Unternehmen vorstellen, kosten Sie lediglich ein paar Stunden Zeit. Geld müssen Sie nicht unbedingt in die Hand nehmen. Dasselbe gilt für Kleinanzeigen – die ideale Basis, um Ihr Geschäft vorzustellen und auf Kundensuche zu gehen. Gerade online bieten sich so viele Optionen, die nicht einen Cent kosten. Genau das sollten Sie so weit wie möglich ausnutzen.

Sparsame Werbung muss nicht zwingend schlecht sein. Wollen Sie Ihren Erfolg jedoch beschleunigen, kann es durchaus helfen, sich den kostenpflichtigen Alternativen zu bedienen, die sowohl online als auch offline möglich sind. Dazu gehört unter anderem die Entwicklung einer eigenen Webseite, die verschiedene Kriterien erfüllen muss. Die Domain und das Hosting erhalten Sie je nach Provider schon ab wenigen Euro jährlich – genauso wie den Webspace. Kosten entstehen lediglich für die Gestaltung der Seite, sofern Sie selbst Laie auf dem Gebiet sind. Es klingt zwar recht einfach, sich für ein Design mit Wiedererkennungswert zu entscheiden und dieses nach Baukasten-System einzupflegen. Bei der Entwicklung eines Internetauftrittes können Fehler jedoch schnell dazu führen, dass die Seite am Ende nicht das Geringste bewirkt; auch bezogen auf den Bereich der SEO Optimierung. Fehlt es Ihnen an Erfahrung, dann ist es das Beste, sich auf Profis zu verlassen. Mehr dazu im folgenden Beitrag. Das Betreiben einer Webseite hat bei der Existenzgründung glücklicherweise nicht den allerhöchsten Stellenwert. Damit können Sie sich getrost eine Weile Zeit lassen – solange sie die übrigen Möglichkeiten im Netz ausschöpfen und versuchen, Ihr Unternehmen über die vorgenannten Wege bekannt zu machen.

Wie man schon jetzt ganz gut erkennen kann, muss effektive Werbung nicht zwingend ins Geld gehen. Sich ein gewisses Budget für Marketing-Kampagnen zur Seite zu legen, kann aber dennoch nie verkehrt sein. Im MLM Bereich wird immer auf Empfehlungsgeber angesprochen. Einmal überzeugte Kunden werden Sie gerne ihrem direkten Umfeld empfehlen, und schon verbreitet sich Ihr Angebot wie ein Lauffeuer. Aber schon vor den ersten Kunden haben Sie realistische Chancen, bekannt zu werden. Sprechen Sie mit Ihrer Familie über die Geschäftsidee und bringen Sie das Konzept zunächst auf den richtigen Weg. Wenn die Frau beim Friseur sitzt, den örtlichen Bäcker aufsucht oder die Kinder in den Sportverein bringt, kommt Ihre Existenzgründung ohnehin zur Sprache. Je nach angebotenem Produkt respektive Dienstleistung werden Sie neugierige Menschen treffen, die genau wissen wollen, was hinter Ihrer Idee steckt und wann genau das Geschäft eröffnet wird. Auch wenn es sich um eine vollkommen neue Geschäftsidee handelt und Menschen generell zu Skepsis neigen, ist die Neugierde doch groß genug als dass Sie erste Interessenten finden werden – und das meist schneller als gedacht.

Viele Jungunternehmer hauen am Anfang viel zu viel Geld für "gute" Werbung raus. Zwar wenden sie sich nicht gleich ans Fernsehen, doch vor allen Dingen regionale Radiowerbung und Spots in Kinos bieten sich heutzutage an. Die Kosten, die solche Maßnahmen verschlingen, sind im Endeffekt vollkommen unnötig. Da macht es mehr Sinn, Flyer zu drucken und zu verteilen. Lokale Geschäfte erlauben Ihnen fast immer, Werbung zu machen. Erst im späteren Verlauf der Existenz sind umfangreichere Aktionen anzuraten – um das Unternehmen noch einmal kräftig zu pushen, sobald die Zielgruppe klarer definiert ist. Eine Option ist es, sich Werbebanner und dergleichen zuzulegen und Promo-Stände in der nächstgrößeren Stadt, im Kaufhaus und Co. aufzustellen. Die Möglichkeiten, die sich im Bereich aktiver Werbung bieten, sind schlichtweg unerschöpflich. Was der richtige Weg ist, das liegt an Ihrem persönlichen Charakter und nicht zuletzt daran, was genau Sie überhaupt vermarkten möchten.

Bezieht man die Frage "Wo fange ich an" auf die regionalen Gegebenheiten bezieht, dann ist es grundsätzlich das einfachste, das unmittelbare Umfeld für sich zu gewinnen. Ausweiten können Sie Ihr Unternehmen schließlich immer noch. Voraussetzung für ein funktionierendes Startup ist, dass Sie genügend Menschen erreichen, die sich für Ihr Angebot begeistern können. Wohnen lediglich Rentner in Ihrer Umgebung und Sie bieten Sportdiäten an, dann macht die Suche in diesem Umfeld natürlich keinen großen Sinn. Produkte über Online-Handel können Sie logischerweise national und auch international vermarkten, wogegen sich Dienstleistungen auf ein gewisses Einzugsgebiet beschränken – gerade in Branchen wie dem Handwerk. Überprüfen Sie ganz genau: Wen will ich erreichen, und wo finde ich diese Nutzergruppe?

Was kosten Werbung und eigene Webseiten?

Pauschal können wir Ihnen keinen Preis für Werbung nennen – weder einmalig noch monatlich. Wenn Sie sich selbständig machen, dann sollten Sie früh genug damit beginnen, die im vorigen Absatz genannten Werbeformen intensiv zu studieren und sich zu überlegen, welche Optionen für Sie in Frage kommen. Im Grunde genommen können Sie nichts ausgeben, oder aber Sie investieren Millionen in die Werbung. Zwischenstufen gibt es viele, und so ergibt es sich, dass jeder Existenzgründer eine Basis finden, die zu seinem Konzept passt. Grundsätzlich ist es anzuraten, alle kostenlosen Möglichkeiten auszuschöpfen. Einfacher als in der heutigen Zeit war es noch nie, Werbung zu schalten und dabei ein riesiges Publikum zu erreichen.

Bevor Sie nach den Kosten fragen, die Sie für Werbung aufbringen müssten, sollten Sie vielmehr darüber nachdenken, was Sie bereit sind auszugeben. Gerade wenn es um eine nebenberufliche Selbständigkeit geht, muss nicht allzu viel Aufwand betrieben werden – schon gar nicht aus finanzieller Sicht. Sie haben neben dem sicheren Einkommen als Angestellter genügend Zeit, Kunden zu finden und Existenz ans Laufen zu kriegen; müssen also entsprechend weniger riskieren und investieren. Haben Sie sich allerdings für eine Vollselbständigkeit entschieden, kann ein wenig Investition nicht schaden. Schließlich sollte der Betrieb, gleich welcher Art, möglichst schnell anlaufen und Umsätze einbringen.

Werbung von 0 – mehrere tausend Euro

Langfristig lohnt es sich durchaus, in Ihre Werbung zu investieren. Man kann schließlich nicht davon ausgehen, dass erste Maßnahmen für die Kundengewinnung ausreichen. Die Spanne ist dabei so immens wie in kaum einem anderen Bereich. Ist das Budget knapp bemessen, können Sie Marketing betreiben, ohne einen Cent in die Hand nehmen zu müssen. Wie weiter oben bereits erklärt, sind Einträge in Foren, Presseportalen und Kleinanzeigen kostenfrei möglich. Allerdings müssen Sie gerade bei letzterer Option achtsam sein. Auch die gängigen Portale verlangen Gewerbetreibenden nämlich oftmals eine gewisse Gebühr fällig. Versuche, diese zu umgehen, sind meist zwecklos und führen eher zum Ausschluss aus dem Kleinanzeigenportal.

Haben Sie gerade zufällig genug Kapital herumliegen, können Sie natürlich auch Plakate drucken lassen und mit Ihrem Produkt oder dem Konzept als solches zu Radiosendern gehen. Die Königsklasse ist und bleibt Fernsehsendung. Ein einziger 30-sekündiger Spot kann schnell mal mehrere zehntausend Euro kosten. Ob dies wirklich notwendig ist, gerade bei einem Startup-Unternehmen, das wagen wir allerdings anzuzweifeln. Im Endeffekt soll einfach verdeutlicht werden, dass sich zu den genauen Kosten keine pauschalen Angaben machen lassen. Und: Günstige Werbung muss nicht zwingend schlechter sein als solche, die Sie ein Vermögen kostet. Ideal sind beispielsweise Fanseiten im Social Network. Damit sie funktionieren, ist die regelmäßige Pflege ein Muss.

So viel kosten Webseiten

Es wurde uns in der Vergangenheit häufig davon berichtet, dass es Webdesigner gibt, die gezielt nach neuen Unternehmen suchen und dort hinfahren, um Angebote für das Erstellen einer Webseite zu unterbreiten. Die Folgen: Panik bei den Existenzgründern. Schuld daran ist die Tatsache, dass Ihnen angebliche "Profis" klar machen wollen, eine Internetpräsenz mit Design, Text und Hosting kostet je nach Anzahl der Unterseiten schlappe 10.000 Euro. Was nach einem schlechten Scherz klingt, scheint bittere Realität zu sein. Gerade unerfahrene Existenzgründer haben oftmals überhaupt keine Ahnung, was Sie für eine Webseite ausgeben müssen, damit diese auch Effekt hat. Die Unwissenheit wird von den Experten des Gebiets schamlos ausgenutzt. Was bei einem "Nein" folgt, sind in der Regel vermeintliche Sonderaktionen, die Sie nur noch 200 Euro monatlich kosten – um eines von diversen Beispielen zu nennen.

Tatsächlich muss das Web Paket einige Anforderungen erfüllen, um Ihnen wirklich weiterzuhelfen. Webspace und ein Domainname allein reichen längst nicht aus. Diverse Plug-Ins und dergleichen sind deshalb sinnvoll, weil sich erst durch sie eine Möglichkeit bietet, CMS Systeme wie Wordpress aufzuspielen. Diese braucht es wiederum, um an Design und Texten zu arbeiten. Alles in allem können Sie die Aufgaben gerne einem Fachmann überlassen. Die Kosten sollten aber in einem überschaubaren Rahmen bleiben. Ausgestattet mit den Zugangsdaten können Sie sich später selbst um die Pflege kümmern und die Präsenz aktuell halten.

Kostensparend werben

Speziell in den ersten Monaten nach der Existenzgründung ist es ratsam, all Ihr Geld zusammenzuhalten und nichts auszugeben, das nicht unbedingt notwendig ist. Im Bereich Werbung eröffnet sich ein unglaubliches Potential, Geld zu sparen. Anders als bei der Herstellung von Produkte sind Sie in diesem Bereich nicht auf die Mithilfe anderer angewiesen. Ausnahme bildet gegebenenfalls die Webseite, wobei auch hier Möglichkeiten geboten werden, sich allein mit der Materie auseinanderzusetzen. Heutzutage ist die gesamte Handhabung von Internet und Werbemitteln fast schon als Kinderspiel zu bezeichnen. Und sollten Sie mal etwas nicht wissen, finden Sie die wichtigsten Informationen im Netz selbst.

Es ist nicht falsch oder überzogen, Geld für Werbung auszugeben. Eine Notwendigkeit besteht dank zahlreicher kostenloser Alternativen allerdings nicht. Und mal ehrlich: Am effektivsten ist nach wie vor die

Weiterempfehlung durch Kunden, die Sie bereits mit Ihrem Konzept überzeugen konnten.

Kann ich die Internetpräsenz selbst erstellen?

Sofern Sie auch nur ein wenig Erfahrung mit der Erstellung von Webseiten haben, können Sie bei der Existenzgründung enorm viel Geld einsparen. Im Endeffekt lässt sich die Gestaltung nämlich ohne großen Aufwand durchführen – moderne Hilfeseiten und Programme sei Dank. Ganz ohne Vorkenntnisse passieren jedoch recht viele Fehler, vor denen Sie sich schützen sollten. Zwar kostet Sie das Entwickeln Ihrer Webseite nur noch ein paar Euro, doch wenn sie Ihnen am Ende keinen Erfolg einbringt, war die ganze Mühe umsonst. Außerdem sollte Ihnen bewusst sein, dass eine Webseite nicht in fünf Minuten steht. Sie müssen besonders über die Inhalte nachdenken und fähig sein, ansprechende Texte zu schreiben.

Je geringer die Vorkenntnisse, desto länger dauert es, sich in die Materie einzuarbeiten. Bei einer nebenberuflichen Selbständigkeit haben Sie kaum Druck und können sich die Zeit nehmen, die wesentlichen Faktoren zu studieren. Hauptberuflich sieht die Sache dagegen anders aus. Hier werden Sie nämlich viele weitere Dinge zu erledigen haben und vermutlich dazu neigen, das Thema Webpräsenz vor sich herzuschieben. Sofern es Ihre Zeit nicht zulässt, ist es deshalb besser, die Aufgabe an jemanden abzugeben, der versierter auf dem Gebiet ist.

Die richtige Domain ist wertvoll

Was verkörpern Sie mit Ihrem Unternehmen? Diese Frage sollte eine der ersten sein, die bei der Entwicklung des Konzepts fällt. Genau darauf basieren nämlich die Wahl des Namens, sowie die Entscheidung, wie Ihre Webseite heißen soll. Effektiv ist es, die wichtigsten Schlagworte in den Domainnamen aufzunehmen. Als Beispiel: Sie eröffnen ein Schuhhaus in München. Sofern die Adresse noch frei ist, wäre Schuhhaus-Muenchen.de die beste Wahl. So einfach funktioniert es natürlich nicht immer, denn es gibt verschiedene Selbständigkeiten, die sich nicht so schnell auf den Punkt bringen lassen. Also denken Sie darüber nach, welche Schlagworte potentielle Kunden in Suchmaschinen eingeben würden – und bringen diese zusammen. Begriffe wie "gratis", "günstig" und dergleichen werden eigentlich immer gesucht. Es kommt aber gleichzeitig auch darauf an, wie hoch die Konkurrenz ist. Schließlich ist das Ziel einer Webseite, Ihr Unternehmen möglichst weit oben zu positionieren.

Am falschen Ende dürfen Sie beim Kauf der Domain auf gar keinen Fall sparen. Provider bieten gerne kostenlose Webseiten an, die Sie entweder mit oder ohne Baukasten erstellen können. Statt Endungen wie ".de", ".com" und Co. tauchen dann jedoch die Namen des Providers im Namen auf. Je komplexer und länger der Domainname ist, desto schwieriger wird es, in namhaften Suchmaschinen eine hohe Position zu erreichen. Lassen Sie also die Finger von Gratis-Domains – auch, wenn diese auf den ersten Blick die einfachste Lösung zu sein scheinen. Die klassische .de Domain erhalten Sie bereits ab wenigen Euro pro Jahr. Gute Provider statten Sie gegen einen kleinen Aufpreis mit ausreichend Webspace und sinnvollen Plug-Ins aus.

Vorsicht bei Baukästen

Baukästen für Internetseiten werden immer beliebter. Aber egal, ob sie kostenlos oder gebührenpflichtig sind: Mit einem Baukasten werden Sie im gewerblichen Bereich nicht weit kommen. Dabei sieht das Prinzip so schick aus, und die Webseiten können sich zumindest aus optischer Sicht allemal behaupten. Doch es gibt eben auch diverse Haken, die Ihre Position in Suchmaschinen deutlich verschlechtern können. Nehmen wir an, Sie wählen ein Template aus, richten Boxen, Rahmen und anderen Schnickschnack ein. Je schicker das Ganze am Ende wirkt, desto schlechter für Ihre Position in der Suchmaschine. Es wurde bei den Systemen nämlich nicht bedacht, dass gerade die schönen Hilfsmittel, wie zum Beispiel Tabellen, kontraproduktiv sind – zumindest in der Weise, wie sie von den Entwicklern erstellt wurden. Es spricht nichts gegen solche Optionen, sofern diese per Handarbeit in eine selbst gebaute Seite einfließen und richtig eingebunden wurde. Wie genau dies funktioniert, das ist die hohe Kunst der Webseitengestaltung.

Es gibt aber noch einen weiteren Nachteil an Baukästen: Geschulte Augen werden sofort erkennen, dass solche Systeme dahinterstecken. Die Folge ist eine mangelnde Glaubwürdigkeit, die Sie erst einmal widerrufen müssten. Vertrauen Sie deshalb lieber auf CMS Systeme wie Wordpress und auf die alte Kunst der HTML-Programmierung. Fehlt es Ihnen an Know-how, eignen Sie sich die Bereiche an oder greifen Sie auf Profis zurück – schon deshalb, um ein Design zu erhalten, das es nicht an "von der Stange" gibt.

SEO Kenntnisse aneignen

Auch wenn Sie sich am Ende dazu entschließen, die Webseite komplett durch einen Fachbetrieb pflegen zu lassen: Es kann nie schaden, sich gewisse Kenntnisse über SEO-Optimierung anzueignen. Diese werden Ihnen nämlich in diversen Bereichen der Selbständigkeit nützlich sein. Experte auf dem Gebiet müssen Sie natürlich nicht sein. Dennoch werden Sie besser verstehen, welche Wirkung die Optimierung auf Ihren Erfolg hat und wie Sie es schaffen können, noch schneller Umsätze zu generieren. Dabei spielt es übrigens keine Rolle, in welcher Branche Sie Ihre Selbständigkeit planen. Das Internet ist in der heutigen Zeit das wichtigste und wertvollste Medium, wenn es um die Kundengewinnung geht. Je besser Sie Ihren digitalen "Partner" kennen, desto mehr Vorteile können Sie aus ihm schöpfen.

Wie wende ich SEO an?

SEO Agenturen haben sich darauf spezialisiert, Webseiten für Suchmaschinen interessant zu machen. Damit Sie nachvollziehen können, wie genau dies funktioniert, muss Ihnen zunächst klar sein, was genau SEO überhaupt ist. Letztlich kann jeder Laie von dem Wissen profitieren und die eigene Internetpräsenz deutlich aufwerten. Das Problem hieran ist, dass die meisten den Sinn der Suchmaschinenoptimierung nicht vollständig begriffen haben. Es geht nämlich nicht darum, hundert mal dieselben Keywords in Texte einzubinden. SEO ist in Wirklichkeit viel mehr, und genau deshalb gibt es Firmen, die sich auf die Optimierung spezialisiert haben – weil Einsteiger eben nicht wissen, worauf es neben dem geschickten Verteilen von Schlagworten ankommt. SEO ist kein Garant dafür, dass Sie mit ihrem Webauftritt automatisch auf dem ersten Platz in relevanten Suchmaschinen gerankt werden. Die Chancen stehen mit der richtigen Zusammensetzung allerdings viel besser. Es kann mitunter sogar Jahre dauern, bis die Positionierung ganz oben gesichert ist. Bleiben Sie dann allerdings nicht am Ball und liefern regelmäßig neuen Content, sind Sie schneller wieder unten als Sie "Suchmaschine" aussprechen können.

Im Folgenden möchten wir Ihnen einige wertvolle Tipps zum Umgang mit SEO-Optimierung auf den Weg geben.

Die bekannteste und am häufigsten verwendete Suchmaschine ist mit Abstand Google. Sie, aber auch die Konkurrenz arbeiten mit Hochdruck daran, Spam zu erkennen und aus ihrem System zu verbannen. Es bringt also rein gar nichts, sich allein im On-Page SEO darauf zu fokussieren, möglichst viele Keyword pro Text einzusetzen. Ebenfalls ein Tabu ist so genannter Double Content. Sie können sich selbstverständlich von erfolgreichen Internetauftritten inspirieren lassen – bestenfalls von solchen, die den Sprung auf die oberen Google Ränge bereits geschafft haben. Versuchen Sie dabei aber auf gar keinen Fall, Texte zu kopieren und zu Ihren zu machen. Doppelte Inhalte werden sofort erkannt. Die Folge ist nicht nur, dass Sie keinen Platz mehr bei Google bekommen. Auch die Konkurrenz wird gegebenenfalls rechtliche Schritte einleiten. Der Diebstahl von geistigem Eigentum ist nach unserer

Rechtslage strafbar. Nur "gute" Webseiten kriegen eine Chance. Sie zeichnen sich durch regelmäßigen Content aus, der Lesern einen Mehrwert bietet.

Marketing und Suchmaschinenoptimierung liegen im Online Bereich dicht beieinander. Ebenso wie Sie selbst müssen sich auch Suchmaschinen "überlegen", welche Zielgruppe mit der Webseite angesprochen wird. In umfangreichen, automatischen Analysen findet Google heraus, ob der gebotene Content tatsächlich das ist, wonach die auserkorene Zielgruppe sucht. Teilbereiche der Analyse umfassen beispielsweise den textlichen Inhalt, aber vor allen Dingen integrierte Links sind für solche Suchmaschinen von Bedeutung. Damit Ihr Konzept im Bereich Webseite funktionieren kann, sollten Sie gute Vorarbeit leisten und selbst lang genug darüber nachgedacht haben, was Nutzer wollen und welche Inhalte sie tatsächlich interessieren. Als Hilfestellung können Sie sich Tools installieren, wie zum Beispiel Google Analytics. Hier finden Sie heraus, wie oft Ihre Seite besucht wird und wie lange sich Besucher dort aufhalten. Ziehe Sie richtige Schlüsse daraus und passen den Auftritt entsprechend an, steigt Ihr Ranking ganz sicher.

Wie schon im Abschnitt "Baukästen" beschrieben, gibt es diverse Dinge, die Sie bei der Erstellung von Webseiten vermeiden sollten. SEO Fachleute sprechen von Barrieren, die es Google erschweren, die Seite ordentlich zu indizieren und im Ranking steigen zu lassen. Dazu gehören beispielsweise auch Flash Filme. Sie mögen für den Nutzer nett anzusehen sein, bringen Sie auf dem Ranking aber nicht nach oben. Frames, also Rahmen, sind ebenfalls Tabu. Mit ihnen können die gängigen Suchmaschinen nicht viel anfangen. Dasselbe gilt für iFrames, die mit den klassischen Frames nichts zu tun haben. Wenn die Suchmaschine erst einmal ihre Arbeit aufgenommen hat, dann stellen sich regelmäßig Bilder in den Weg, deren Größe überdurchschnittlich ist. Ein Logo und kleinere Bilder sind vollkommen okay, doch achten Sie unbedingt darauf, dass Google nicht über gigantisch große Bilddateien stolpert.

Weitere Tabus sind

- Überdurchschnittlich große Webseiten, die für lange Ladezeiten sorgen

- Session IDs sollten nur bedingt angewandt werden

- Ein langsamer Server bedeutet den Tod fürs Ranking. Nichts ist schlimmer als warten zu müssen.

- Undurchschaubar lange Parameter-Ketten

Das Wichtigste im Bereich SEO ist tatsächlich der Inhalt Ihrer Seite. Gleichzeitig spielt aber auch der Aufbau eine Rolle. Verwenden Sie interne Verlinkungen im Text, um

Google den Aufbau besser "erklären" zu können. Links sind generell eine gute Idee. Allerdings geht es nicht darum, Ihre eigene Webseite mit unzähligen Links vollzustopfen. Viel wichtiger ist es, dass externe Links – auch Backlinks genannt – zu Ihnen führen. Je mehr Links auf Ihre Webpräsenz hindeuten, desto schneller werden Sie im Ranking steigen. Unser Tipp: Finger weg von gekauften Links! Diese führen meist zum Gegenteil. Nur echte Backlinks werden von erfahrenen Suchmaschinen wie Google akzeptiert und führen zum gewünschten Erfolg. Ist die Webseite fertiggestellt worden, können Sie sie inzwischen manuell bei Suchmaschinen registrieren. Damit weiß zum Beispiel Google, dass es etwas Neues zu analysieren gibt. Umso schneller werden Sie zumindest überhaupt aufgeführt. Bis zur Topplatzierung ist es dann nur noch ein "Katzensprung".

Wie erreiche ich möglichst schnell potentielle Kunden?

Ein Fingerschnipsen reicht logischerweise nicht aus, damit die Welt weiß: Es gibt Ihr Unternehmen – und das muss man einfach gesehen haben! Gerade Dienstleister haben es schwer, Ihre Selbständigkeit ans Laufen zu kriegen. Warum? Weil sich Produkte anfassen und testen lassen. Eine Dienstleistung hingegen verlangt Vertrauen zwischen Verkäufer und Kunden. Dabei spielt es keine Rolle, ob es um den Bereich Webgestaltung, Coaching, Medizin oder ähnliches geht. Kunden sind generell skeptisch. Während beim Produktkauf die Neugierde überwiegt, ist ein gesundes Maß an Skepsis gegenüber Dienstleistern quasi "angeboren" und schützt Nutzer davor, in Fallen zu tappen.

Kunden fragen sich vor allen Dingen, ob sie einen Nutzen von Ihrem Angebot haben, der Preis gerechtfertigt ist und ob Sie wirklich das anbieten, was Sie auf Webseiten oder in Werbeanzeigen anpreisen. Sie müssen also Vertrauen aufbauen – eine Herausforderung, die nicht mehr so einfach ist als noch vor einigen Jahrzehnten.

Schnell neue Kunden gewinnen, das sollte überhaupt nicht Ihr Ziel sein. Natürlich haben Sie den Wunsch, schnellstmöglich Umsätze zu generieren. Dazu ist es aber wichtig, seriös aufzutreten und darauf zu setzen, dass Ihnen Nutzer vollkommen vertrauen. Mit Marketing-Tricks, wie man sie vielfach im Internet findet, werden Sie garantiert nicht auf einen grünen Zweig kommen. Dafür haben die Menschen einfach schon zu viel Negatives gesehen und gehört. Früher oder später werden nämlich auch naive Interessenten feststellen, dass Sie es nicht ernst mit ihnen meinen. Vertrauen schaffen ist deshalb die einfachste Form der Kundenakquise. Wenn ein Kunde erst einmal feststellen konnte, dass Sie ihn nicht blenden, dann kommt er gerne immer wieder auf Sie zu – und Ihr guter Ruf spricht sich gleichzeitig herum wie ein Lauffeuer.

Kunden mögen es gar nicht, belagert und bedrängt zu werden. Sicherlich kann man Ihre Position verstehen. Sie möchten sobald als möglich einen Vertragsabschluss oder Kauf erreichen. Sich aber immer wieder bei möglichen Interessenten zu melden, ohne diesen Zeit zum Nachdenken zu geben, ist eher kontraproduktiv. Liefern Sie stattdessen einmalig die Informationen, die für Kunden von Interesse sind. In einem Schlüsselmoment wird dem Leser einfallen, dass es Sie gibt – und von allein auf Sie zukommen. Geben Sie jemandem das Gefühl, dass er nicht selbst über das weitere Vorgehen entscheiden darf, macht er in der Regel dicht und wird nie wieder von sich hören lassen.

Jedes Mal, wenn ein Kunde mit Ihnen in Kontakt tritt, wird das Vertrauen ein Stückchen weiter wachsen. Irgendwann entsteht dadurch eine Vertrautheit, von der Sie langfristig profitieren werden – ebenso wie jeder zufriedene Kunde. Sie müssen vor allen Dingen zu jeder Zeit belegen können, dass Sie mehr liefern als leere Versprechen. Die geschickte "Beweisführung" durch Studien und Referenzen kann dabei dienlich sei – aber eben nur dann, wenn es der Kunde ausdrücklich wünscht. Üben Sie sich in Geduld. Die meisten Existenzgründer scheitern, weil Sie Ihrer Zielgruppe keine Zeit lassen und sich selbst den Druck machen, schnell Geld zu erwirtschaften. Sonderaktionen sind übrigens auch eine Art von Werbung. Sie sollen Ihre Kunden nicht mit Geschenken überhäufen. Oftmals genügt ein Newsletter mit Dienstleistungen, die Sie zu einem unschlagbaren Preis anbieten. Natürlich sollten die Kalkulationen so erfolgen, dass sich die Aktion für beide Seiten rentiert.

Um Kunden zu gewinnen und zufriedenzustellen, sollten Sie deren Erwartungen nicht erfüllen – Sie sollten sie übertreffen! Je mehr Ihr Unternehmen zu bieten hat, und desto weniger der Kunde damit rechnet, desto besser für Ihren Erfolg. Im Umkehrschluss wäre es fatal, leere Versprechungen zu machen. Seien Sie stattdessen lieber bescheiden und nutzen Sie den Überraschungseffekt, um Ihr Business nach vorne zu bringen. Wenn es darum geht, für Ihr Unternehmen die Werbetrommel zu rühren, dann sollten Sie Außenstehende ins Boot holen. Neutral geschrieben PR wirkt deutlich besser als ein von Ihnen verfasster Werbeaufruf. Machen Sie sich spätestens an dieser Stelle das Fachwissen Dritter zunutze, die sich ausschließlich mit dem Thema Marketing beschäftigen. Überzeugte Kundenmeinungen haben eine ähnlich positive Wirkung und fördern das Vertrauen zwischen weiteren potentiellen Kunden und Ihnen.

Gerade wenn Sie als Person der erste Ansprechpartner Ihres Kunden sind, sollten Sie sich auf gar keinen Fall verstellen. Die Selbständigkeit beginnt regulär nicht mit einer ganzen Kette und einem weltweit bekannten Markennamen. Also ist Ihre Erscheinung das, worauf sich Nutzer respektive Käufer verlassen. Wirken Sie gestellt und wenig überzeugend, ist das angebotene

Produkt oder auch die Dienstleistung nicht von großem Interesse. Perfektion wird im Business übrigens überbewertet. Was zählt, sind Ehrlichkeit und Natürlichkeit gegenüber Ihrer Zielgruppe. In jedem Fall ist es wichtig, dass Sie Freundlichkeit an den Tag legen. Bedanken Sie sich bei Ihren Gästen und Interessenten – auch, wenn diese lediglich nach Informationen fragen und gar nichts kaufen. Die Zusammenarbeit mit Ihrem Unternehmen soll den Kunden Spaß machen. Behalten Sie dies immer im Hinterkopf; vor allen Dingen, wenn Sie mal einen schlechten Tag haben sollten.

Ab wann macht Fernsehwerbung Sinn?

Wenn wir Ihnen sagen, dass ein Werbespot, der ca. 30 Sekunden dauert, bei den privaten TV-Sendern für einen Betrag zwischen 2.000 und 25.000 Euro eingeblendet wird (letzteres im Fall von Blockbuster-Einblendungen), dann erübrigt sich die Frage fast, ab wann es Sinn macht, diesen Weg einzuschlagen. Klar ist, dass Sie mit der Art von Werbung ein Millionenpublikum erreichen – und das Tag für Tag. Allerdings rentiert sich so eine Maßnahme erst ab einem gewissen Jahresumsatz; womit wir nicht eine Summe meinen, mit der Sie gut über die Runden kommen. Die Unternehmen, die Ihnen im Fernsehen begegnen, tragen namhafte Markennamen. In der Regel handelt es sich um riesige Milliardenkonzerne, die Werbung dieser Art nutzen, um das Image im Gedächtnis Ihrer Kunden zu halten oder neue Produktlinien vorzustellen. Für einen Existenzgründer kommt Fernsehwerbung hingegen überhaupt nicht in Frage. Ausnahme ist, Sie schwimmen in Geld und wollen Ihren "Pool" mit weiteren Scheinchen füllen.

Trösten Sie sich: Die wenigsten Unternehmen schaffen es, genug Budget für teure Werbung aufzubringen. Und wenn Sie es erst einmal geschafft haben, dann brauchen Sie im Endeffekt auch keine Werbung mehr – weil die Kunden ohnehin zu Ihnen kommen. Unabhängig davon, dass eine Spoteinblendung allein mehrere tausend Euro kostet, werden Sie kaum das Kapital haben, den Spot abzudrehen. Veröffentlicht werden kann schließlich nur das, was fertiggestellt wurde. Darsteller, Technik und Drehort kosten ein Vermögen. Genau deshalb sollten Sie nicht nur als Existenzgründer Abstand von solchen Methoden nehmen. Das Geld lässt sich viel sinnvoller investieren; beispielsweise in neue Computer, eine Weiterentwicklung der Leistungen und Produkte oder aber in die eigene Webseite. Es gibt glücklicherweise mehr als genug Alternativen zur TV Werbung.

Mit Fernsehwerbung ist es fast genauso wie mit privaten Krediten: Sie können es erst bekommen, wenn Sie beweisen, dass Sie es nicht nötig haben. Dass große Konzerne das Medium nutzen, versteht sich von selbst. Für sie sind 25.000 Euro nichts im Vergleich zu dem, was sie mit dem Erreichen weiterer Kunden und Binden von Stammkunden verdienen. Nehmen wir beispielsweise Autohäuser. Sind unter den Millionen Zuschauern vor der Mattscheibe auch nur 10 dabei, die sich für den Neuwagen der Marke entscheiden, hat das Unternehmen die investierte Summe problemlos wieder drin – zuzüglich zu einem ordentlichen Plus. Ob Sie jemals in dieser Position sein und einen Großkonzern leiten werden, kann Ihnen im Wege der Existenzgründung niemand voraussagen. Im Endeffekt reicht es aber vollkommen aus, sich auf weitere Medien zu stützen; allen voran natürlich das Internet.

Sie haben Ihre Selbständigkeit bereits aufgebaut und möchten diese vorantreiben? Sofern Sie Händler oder Dienstleister mit Fokus auf die Region ist, gibt es eine günstige Alternative zu den großen Fernsehsendern: das Kino. Die meisten Lichtspielhäuser bieten kleinen und mittelständischen Unternehmen inzwischen an, die Werbeeinblendungen vor dem eigentlichen Film zu mieten – zu einem Preis, der deutlich geringer ausfällt als bei Sat.1, Pro7 und Co. Natürlich sollten Sie auch in diesem Fall einen Werbefilm produzieren. Oftmals genügt schon eine kleine PowerPoint Präsentation aus, die eingeblendet wird. Regionale, potentielle Kunden erfahren von Ihrem Betrieb und werden sich bei der richtigen Präsentation dann an Sie erinnern, wenn die angebotene Dienstleistung benötigt wird.

Selbstverständlich sollte man nichts unversucht lassen, der Zielgruppe im Gedächtnis zu bleiben – oder erst einmal dort hinzugelangen. Genau deshalb ist Werbung ja so unglaublich wichtig. Die Frage ist nur, welche Maßnahmen sinnvoll sind und den Aufwand rechtfertigen. Existenzgründer sollten, wie bereits weiter oben beschrieben, möglichst viele kostenfreie Angebote nutzen. Hinzu kommt eine optimierte Webseite, deren Optimierung nicht nur intern stattfindet, sondern deren Bekanntheit vor allen Dingen mit jedem externen Verweis steigt. Je nachdem, ob Sie sich auf regionale Kunden beschränken oder weltweit agieren möchten, sollten Sie weitere Schritte gehen. Haben Sie beispielsweise gerade ein Ladenlokal eröffnet oder stecken in der Planung, dann sprechen Sie potentielle Besucher ganz einfach direkt an. Der persönliche Kontakt ist nämlich auch in der innovativen Zeit des Internets noch immer der angenehmste – solange Sie unsere Tipps beachten und Ihr Gegenüber nicht zu sehr unter Druck setzen.

Vergessen Sie also die hübschen Eindrücke, die Ihnen im Fernsehen geboten werden. Solche Mogelpackungen braucht Ihr Unternehmen wirklich nicht. Konzentrieren Sie sich stattdessen darauf, Vertrauen aufzubauen und Kunden von Ihrem einmaligen Konzept zu überzeugen. Sie werden sehen: Gegen Ihren Charme ist selbst der beste Fernsehsender machtlos. Und sollte es doch irgendwann soweit sein, dass Sie von Erfolg gekrönt und bereit sind für die große Welt, dann ist es ratsam, sich an Fachleute zu wenden. Diese braucht es nicht nur zur Umsetzung einer Werbekampagne, sondern auch, um Sie eingehend zu weiteren Bereichen zu beraten, die damit einhergehen.

Kapitel 5 – der finanzielle Aspekt

Selbständigkeit bedeutet zumindest in den meisten Fällen, dass Investitionen vor einem möglichen Profit stehen. Sparsamkeit an der falschen Stelle kann Ihr Unternehmen enorm ausbremsen – auch, wenn Sie eine wirklich gute Geschäftsidee für dich entdeckt haben. Wir haben bereits über den Aspekt der Finanzen gesprochen, möchten in diesem Kapitel jedoch noch einmal näher auf verschiedene Bereiche und Hilfsmittel eingehen, die Ihnen den Einstieg in die eigene Selbständigkeit ein wenig erleichtern sollen. Durch einen Preisvergleich lassen sich diverse Kosten auf ein Minimum reduzieren. Sie brauchen beispielsweise nicht die teuerste Software für Ihren Betrieb, und auch bei der Herstellung von Werbematerial bietet sich ein großes Sparpotential – ebenso wie bei der Entwicklung Ihrer Produkte. Wer ein Startup Unternehmen auf die Beine stellt, der sollte nicht zum Alleinkämpfer werden. Viel einfacher und effektiver ist es, sich mit einem Netzwerk aus Profis zu verbünden. Tatsächlich kann guter Rat einiges an Geld kosten, doch jede noch so wertvolle Information wird sich spätestens nach Ablauf des ersten Geschäftsjahres für Sie auszahlen.

Das Internet steckt bereits voll mit Tipps und Tricks rund ums Thema Selbständigkeit. Auch unser Buch soll Ihnen dabei helfen, die wichtigsten Aspekte Ihrer Planung nachvollziehen und durchführen zu können. Jedoch sind gerade im Bereich der Wirtschaftlichkeit Bereiche zu finden, die ein Laie nicht alleine bewerkstelligen kann.

Dazu gehören Fragen, wie zum Beispiel: "Was muss ich bei der Buchhaltung berücksichtigen?" Selbst der umfangreichste Ratgeber kann Ihnen kaum erklären, wie genau Buchhaltung funktioniert und was in Ihrem speziellen Fall zu beachten ist. Es hat schließlich gute Gründe, dass diese Materie eine mehrjährige Ausbildung fordert, um auch nur annähernd einen Überblick über die Finanzen zu haben. Können Sie sich keinen Buchhalter leisten, dann werden Ihnen Steuerberater dabei helfen, sich ein wenig zu sortieren. Sie erfahren, welche Rechnungen und Quittungen Sie aufbewahren müssen und wie lange. Einmal pro Monat können Sie die Buchhaltung letztlich den Fachleuten überlassen, die tagtäglich mit dem Bereich zu tun haben und sich nicht erst wochenlang in Gesetze und Ausnahmeregeln einlesen müssen.

Geld regiert die Welt – das war schon immer so. Jeder will vom Kuchen, den Sie während Ihrer Existenzgründung und später erschaffen, ein ordentliches Stück abbekommen. Stellt sich die Frage, wie großzügig Sie sind und ob es wirklich ratsam ist, alle Seiten zugreifen zu lassen. Vor allen Dingen das Finanzamt ist nicht gerade zimperlich mit der Jahresabrechnung. Deshalb ist speziell in diesem Bereich äußerste Vorsicht geboten. Faktisch verschenken Unternehmer oftmals sehr viel Geld; weil sie glauben, Ihre Einkommensteuererklärung ohne Probleme selbst erledigen zu können. Natürlich sparen Sie auf der einen Seite an der meist kostspieligen Unterstützung durch Steuer- und Unternehmensberater. Auf der anderen Seite verlieren Sie mit Pech jedoch wesentlich mehr Geld als Sie hier haben einsparen können.

Die meisten Fehler passieren, weil man als Existenzgründer alles richtig machen will. Auch Sie haben sicher das Bedürfnis, von vornherein einen guten Einstieg in Ihr Business zu finden. Dazu brauchen Sie in den meisten Fällen Geld. Schnell ist der Weg zur Hausbank angetreten, und genauso schnell erhalten Sie bei positiver Bonität ein ordentliches Darlehen. Hierbei vergessen leider viel zu viele, dass dieses Geld nicht als Geschenk angesehen werden darf. Neben der Darlehenssumme müssen Zinsen zurückgezahlt werden – und genau das bedeutet für einige Unternehmen den wirtschaftlichen Ruin. In den oberen Kapiteln haben wir darauf aufmerksam gemacht, dass Sie auf keinen Fall zu viel erwarten sollten. Halten Sie Ihre Bedürfnisse in einem überschaubaren Rahmen, dann spricht auch nichts dagegen, sich durch Kreditgeber unterstützen zu lassen.

Das einfachste Netzwerk ist das, was Sie aus Ihrem persönlichen Umfeld herausziehen. Dies können beispielsweise erfahrene Geschäftsleute aus dem Freundes- und Bekanntenkreis sein. Ohne Ihr möglicherweise einzigartiges Konzept verraten zu müssen, könnten Sie in Kontakt mit Menschen treten, die ihre Existenzgründung bereits erfolgreich hinter sich gebracht haben und bei denen die Selbständigkeit erfolgreich läuft. Fragen Sie ruhig nach, wie es gerade diese Leute geschafft haben, auf die Beine zu kommen und welche Hilfen sie in Anspruch genommen haben. Sofern Sie nicht planen, dem Umfeld Konkurrenz mit Ihrem Betrieb zu machen, wird man Ihnen gerne weiterhelfen. Starten Sie ein Unternehmen im Affiliate-Bereich, dann haben Sie es sogar noch einfacher. In der Regel stehen Coaches und erfahrene Networker zur Verfügung, die alle Fragen ohne Kosten beantworten. Auch die Hauptunternehmen selbst sind daran interessiert, Ihnen zu Erfolg zu verhelfen. Deshalb schöpfen Sie gerade in solchen Branchen aus dem Know-how derer, die hinter dem Konzept stehen. Dasselbe gilt für Franchise Unternehmen. Schon vor dem Startup werden Sie ausführlich geschult und man zeigt Ihnen auf, wie Sie Kunden gewinnen, ohne hohe Investitionen leisten zu müssen.

Im Großen und Ganzen muss vor der finanziellen Seite niemand Angst haben. Wenn Sie wirklich hinter Ihrem Konzept stehen, dann lösen sich auch die wirtschaftlichen Hürden – auf welche Weise, das zeigt sich bei der Planung. Damit Ihnen überhaupt klar ist, was Sie an Geld benötigen und welche Kosten auf Sie zukommen, sollten Sie sich gerade bei der Kalkulation helfen lassen. Oftmals sind es nämlich gerade die "Kleinigkeiten", die ins Geld gehen und die am Ende dafür sorgen, dass sich das Startup verzögert.

Was muss ich bei Krediten berücksichtigen?

Wenn Sie nicht gerade geerbt haben, dann führt der Weg in die Existenzgründung regelmäßig über Fremdkapital. Dieses erhalten Sie in aller Regel durch Kredite, die in der heutigen Zeit immer wichtiger für Jungunternehmen werden. Haben Sie keine allzu großen Pläne oder möchten lediglich in eine Affiliate- respektive Franchise-Programm einsteigen, können Sie sich den Weg zur nächsten Hausbank ersparen. Auch Förderbanken machen in diesem Fall kaum einen Sinn. Alternativ bietet sich an, einen Mikrokredit aufzunehmen. Diverse Institute haben sich auf die Vergabe von Kleinkrediten bis zu wenigen tausend Euro spezialisiert. Der Vorteil ist, dass diese Option auf Selbständige und Existenzgründer zugeschnitten ist. Sie selbst gehen, sofern Sie die Bedingungen beachten, kein allzu großes Risiko ein. Inzwischen finden sich vor allen Dingen im Internet genügend Kreditgeber, die Ihnen bei der Verwirklichung Ihrer Träume behilflich sind.

Verlangt Ihre Existenzgründung ein hohes Budget, dann sollten Sie sich unbedingt auf zwei Säulen stützen: Ihr Eigenkapital, und die Hilfe durch Fremdmittel. Gerade höhere Summen werden Sie kaum von der Bank erhalten, wenn Sie keine eigenen Mittel vorweisen können. Hausbanken tun sich mit der Vergabe von Krediten an Selbständige und vor allen Dingen an Existenzgründer besonders schwer. Schließlich gehen die Institute ein enormes Risiko ein, solange nicht schon ein paar erfolgreiche Geschäftsjahre nachgewiesen werden können. Als Fremdkapital bezeichnet man übergreifend sämtliche Mittel, die sie nicht aus eigener Kraft aufbringen werden. Dies können traditionelle Kredite der Hausbank sein, aber auch Förderkredite sind in der Zwischenzeit eine gute und vor allen Dingen schonendere Option – weil letztere mit den Zinsen so niedrig aufgestellt sind, dass sich die Rückzahlung deutlich einfacher bewerkstelligen lässt. Es gibt ebenso Bürgschaften und spezielle Zuschüsse, von denen Sie als Existenzgründer profitieren können.

Ihnen muss bewusst sein, dass Sie bei Annahme eines Kredits oder Fördergelder grundsätzlich zum Schuldner werden. Es besteht in diesem Moment sofort die Pflicht, den erhaltenen Betrag nebst Zinsen und weiteren Kosten in Raten zurückzuzahlen. Wie hoch die Summe am Ende ist, hängt von verschiedenen Faktoren ab. Wir möchten Ihnen nun aufzeigen, welche Kredit- respektive Förderformen es gibt. Damit haben Sie einen ersten Eindruck und können entscheiden, welche dieser Optionen für Sie und Ihre geplante Selbständigkeit in Frage kommt.

Der Weg zum Fremdkapital

Gründer erhalten Darlehen längst nicht mehr allein von der Hausbank. Welcher Weg speziell für Ihre

Selbständigkeit geeignet ist, hängt insbesondere damit zusammen, was Sie planen und wie viel Geld für diesen Weg notwendig ist – aber auch, wie viel Sie aus eigener Kraft aufbringen können. Kreditgeber, die Ihnen bei den ersten Schritten zur eigenen Existenz zur Seite stehen, sind beispielsweise

- Mikrofinanzinstitute

- Online Kreditgeber – auch private Investoren

- Förderbanken

- Die klassische Hausbank

Nicht jede Hausbank wird begeistert von der Idee sein, Sie mit einem Kredit zu unterstützen. Die meisten Institute arbeiten aber inzwischen Hand in Hand mit Förderbanken und können Ihnen zumindest dabei helfen, die notwendigen Anträge auf Unterstützung zu stellen.

Gerade als Existenzgründer müssen Sie gewisse Sicherheiten vorweisen können, um überhaupt einen Kredit zu bekommen. An welche Stelle Sie sich dabei wenden, spielt keine große Rolle. Natürlich ist die wichtigste Voraussetzung, dass Ihr Konzept auf Begeisterung stößt und Sie Ihre potentiellen Kreditgeber mit dem geplanten Unternehmen überzeugen können. In zweiter Linie ist es aber ebenfalls wichtig, die entsprechenden Sicherheiten zu bieten. Dies können Bürgschaften von Seiten festangestellter Mitmenschen sein, Sachwerte, Immobilien, Wertpapiere, Lebensversicherungen und dergleichen. Besitzen Sie für Ihren Betrieb bereits technische Geräte, Maschinen und dergleichen, so fließen auch diese mit in die Sicherheiten ein. Denken Sie jedoch immer daran: Sobald Sie mit der Rückzahlung deutlich in Verzug geraten, hat die Bank automatisch Zugriff auf alle Sicherheiten. Deshalb sollten Sie genau überlegen, was Sie dem Kreditgeber anbieten können. Eine Lebensversicherung zu veräußern ist zwar ein Risiko, aber noch lange nicht so dramatisch wie die Abgabe Ihrer Geräte, die Sie zum Erhalt des Betriebs benötigen. Am besten ist es, Sie erstellen schon vor den ersten Gesprächen eine Liste mit Sicherheiten. Rechnen Sie dabei nicht damit, dass der gesamte Wert anerkannt wird. Lediglich ein Teil wird angerechnet, denn auch die Kreditgeber wollen letztlich auf der sicheren Seite stehen – gerade, wenn von hohen Darlehenssumme die Rede ist.

Der Spruch "Nur redenden Menschen kann geholfen werden" bewahrheitet sich immer wieder. Gerade als Existenzgründer werden Sie keine Hilfe erhalten, ohne sich an die entsprechenden Stellen zu wenden. Bereiten Sie das erste Gespräch vor und stellen Sie sich auf kritische Nachfragen ein. Die Hausbank fordert von Ihnen nicht nur Sicherheiten, sondern auch diverse weitere Unterlagen. Diese sollten Sie bereits einige Tage vor dem geplanten Termin sorgfältig zusammenstellen.

Je besser Sie sich vorbereiten, desto einfacher der Ganz zum Sachbearbeiter. Gerade er wird sich genau ansehen, wie gut Sie organisiert und wie sehr Sie von Ihrem Konzept überzeugt sind. Sprechen Sie an, was Sie sich von dem Institut erhoffen. Dabei sollte der Fokus immer auf Ihre Existenzgründung liegen. Punkten können Sie insbesondere mit Kompetenz. Hinterlassen Sie den Eindruck als haben Sie überhaupt keine Ahnung von der Geschäftsidee, dann ist das Gespräch schnelle beendet als Ihnen lieb ist. Dasselbe gilt auch für Förderbanken und private Geldgeber, die Sie alternativ natürlich immer mit ins Boot holen können.

Sind Förderprogramme sinnvoll?

Sofern Sie die Voraussetzungen für einen Förderkredit oder aber für weitere Fördermittel erfüllen, sollten Sie diese unbedingt ausschöpfen. Die Begründung liegt auf der Hand: Sie erhalten Geld zu fairen Konditionen und müssen weit weniger Aufwand betreiben als bei Ihrer Hausbank. Gerade Deutschland ist inzwischen eine Hochburg der Fördermittel. Das wohl bekannteste Unternehmen, das bundesweit agiert, ist die KfW Förderbank. Daneben gibt es diverse weitere Institute, die sich jedoch ausschließlich auf die einzelnen Bundesländer fokussieren. Welches Institut für Sie zuständig ist, erfahren Sie über die Hausbank oder aber übers Internet. Der große Vorteil an Förderbanken ist, dass diese Institute sich nicht allein auf die Vergabe von

Krediten und Fördermitteln spezialisiert haben. Sie profitieren außerdem vom Know-how der Sachbearbeiter, die Ihnen Wege aufzeigen, Ihre Existenz möglichst erfolgreich voranzutreiben. Berater stehen Ihnen hier zeitnah zur Verfügung. Zwar kostet auch diese Form der Unterstützung ein wenig, doch das Geld sollten Sie allemal in die Hand nehmen – speziell, wenn Ihre Erfahrung auf dem Gebiet noch nicht allzu ausgereift ist.

Dass es für Arbeitslose eine besondere Herausforderung darstellt, sich selbständig zu machen, versteht sich von selbst. Doch auch als Angestellter mit großen Zielen werden Sie womöglich nicht das notwendige Kapital für eine Existenzgründung angespart haben. Die finanziellen Probleme zeigen sich spätestens dann, wenn das Konzept steht und es an die Kalkulation geht. Eine Startup wirtschaftlich zu stemmen, ist sicherlich keine Leichtigkeit – für niemanden. Gerade Betriebe, für die Räumlichkeiten wie Ladenlokale, Büros und Lagerhallen benötigt werden, stehen zu Beginn vor einem riesigen Kostenberg, den es zu bewältigen geht. Dagegen ist die Dienstleistungsbranche deutlich besser dran, wobei Sie natürlich nicht ohne Kommunikationstechnik und dergleichen auskommen werden.

Neben der Pacht, Telefon- und Energiekosten müssen Sie die Einrichtung Ihres Geschäfts mit einplanen. Selbst die Übernahme bestehender Betriebe kostet oftmals ein kleines Vermögen. Als Handwerker haben Sie es sogar noch schwerer, denn Maschinen erhalten Sie wohl kaum zum Nulltarif. Förderdarlehen werden in diesen besonderen Fällen gerne angeboten, denn schlussendlich ist es kaum möglich, in der heutigen Zeit genug Eigenkapital anzusparen. Vor allen Dingen aber sind die Institute darauf spezialisiert, Ihre Budget-Rechnung genau zu überprüfen und Sie eingehend zu beraten.

Förderdarlehen können viele Formen haben. Letztlich spielen vor allen Aspekte wie die gewünschte Laufzeit und der Bedarf des Kapitals eine wichtige Rolle. Wählen können Sie beispielsweise zwischen Mikro-, Start-, Investitions- und Betriebsmittelkrediten. Im Folgenden möchten wir die verschiedenen Formen ein wenig genauer durchleuchten. Damit haben Sie einen ersten Überblick und können sich schon jetzt Gedanken darüber machen, welchen Bedarf Sie haben und was die sinnvollste Lösung für Ihr spezielles Startup ist.

Startkredite richten sich an Existenzgründer, deren Investition verhältnismäßig hoch ausfallen muss. Um Beratung und gegebenenfalls gleich Unterstützung zu bekommen, können Sie sich vertrauensvoll an die landesbezogenen Förderbanken und natürlich auch an die KfW wenden. Die Förderdarlehen sind ausschließlich für Startunternehmen gedacht und sollen Kostenfaktoren wie verschiedene Investitionen sowie Betriebsmittel abdecken. Die Darlehen können mitunter bis zu 100.000 Euro betragen, wobei sich das genaue Volumen danach richtet, wie hoch der Bedarf an Fördermitteln tatsächlich ist. Da Sie die Kredite irgendwann zurückzahlen müssen, sollten Sie sich zum einen auf minimale Investitionen beschränken, und zum anderen ist es nicht verkehrt, einen Teil der Summe aus eigener Kraft aufbringen zu können. Die erste Zeit nach der Gründung müssen Sie sich vertragsabhängig keine großen Sorgen machen, denn es gibt tilgungsfreie Monate, in denen Sie genug Raum bekommen, Umsätze zu erwirtschaften. Auch fallen regulär geringere Zinsen an als bei klassischen Bankkrediten. Dennoch kommt der Abschluss bei Ihrer Hausbank zustande – entsprechende Anträge müssen gestellt werden.

Sofern Sie nicht gerade einen riesigen Betrieb gründen möchten, sind Mikrokredite eine gute Alternative zum KfW Förderdarlehen. Die maximale Summe, die Sie erhalten, liegt bei dieser Option unter 25.000 Euro – bis auf einige Ausnahmen. Benötigen Sie lediglich 5.000 Euro, ist auch dies möglich. Mikrokredite werden durch Förderbanken und Online Kreditgeber vergeben, während Haubanken meist keine Option für eine solche Art der Förderung sind. Schauen Sie sich im Internet um, finden Sie spezielle Institute, die sich auf die Vergabe der Mikrokredite in Form von Förderungen spezialisiert haben. Die Unternehmen selbst können Ihnen allerdings kein Geld auszahlen, sondern lediglich eine Empfehlung aussprechen. Fällt diese positiv aus, erhalten Sie das gewünschte und bewilligte Kapital durch Mikrokreditfons, die in Deutschland eigens für Existenzgründer eingerichtet wurden. Ein Mikrokredit muss innerhalb der ersten drei Geschäftsjahre zurückgezahlt werden – zu einem Zinssatz von 8,9%. Die maximale Summe erhalten Sie außerdem nicht auf einen Schlag, sondern Ihnen steht vorerst nur ein kleiner Betrag zu, der bei Bedarf und Aussicht auf Erfolg entsprechend angepasst werden kann. Sie sollten außerdem darüber nachdenken, welche Tilgungsart Sie bevorzugen. Entweder zahlen Sie monatliche Raten an das Institut, oder es wird vereinbart, wann die gesamte Summe zur Zahlung fällig wird. Diese muss zum vereinbarten Zeitpunkt in jedem Fall aufgebracht werden. In der Regel ist es einfacher, sich auf erstere Option einzulassen. Schließlich kann es im Eifer des Gefechts passieren, dass Rücklagen vergessen werden – gerade wenn viel Zeit zwischen der Vergabe und der Rückzahlung liegt.

Den Betriebsmittelkredit erhalten Sie in der Regel von Ihrer Hausbank, aber auch Förderbanken können Sie in diesem Fall unterstützen. Sofern sich das bekannte Kreditinstitut querstellt, besteht jederzeit die Möglichkeit, einen Antrag bei der Förderbank zu stellen, die für Ihr Bundesland zuständig ist. Die Laufzeit des Krediters richtet sich danach, wie hoch das Darlehen ist und welche Raten Sie in der ersten Zeit Ihrer Selbständigkeit sicher bewältigen können. Maximal jedoch wurden fünf Jahre festgelegt. In diesem Zeitraum muss der Kredit getilgt werden. Startkredite sind zwar eine Alternative, doch bei ihnen ist das Limit deutlich geringer als bei der Betriebsmittelförderung.
Tilgungsfreie Jahre können Sie gerade dann mit Ihrem Sachbearbeiter aushandeln, wenn hohe Investitionen

erforderlich sind und sich bereits jetzt abschätzen lässt, dass die Umsätze eine Weile auf sich warten lassen. Die mittelfristige Steigerung des Unternehmensvolumens lässt sich mit Betriebsmittelkrediten wunderbar leisten; vor allen Dingen, wenn Sie Rohstoffe, Forderungen, Waren und dergleichen finanzieren müssen.

Fördermittel sind im Endeffekt immer ratsam, denn schlussendlich wird es ohne diese Hilfen kaum möglich sein, den Betrieb schnell und effizient ans Laufen zu kriegen – bis auf einige Ausnahmen. Unabhängig davon, welche Kreditform für Sie in Frage kommt, müssen Sie sich unbedingt auf das anstehende Gespräch mit dem potentiellen Darlehensgeber vorbereiten. Zeigen Sie Sicherheiten auf und präsentieren Sie ein Konzept, das die Entscheidungsträger überzeugt. Wenn Ihnen beides gelingt, stehen Sie im Gespräch gut dar und müssen sich um eine finanzielle Unterstützung keine Sorgen mehr machen.

Welche Sicherheiten brauche ich?

Förderbanken und auch Hausbanken werden sich ohne gewisse Sicherheiten nicht auf eine Kreditvergabe einlassen – nicht einmal, wenn es lediglich um 5.000 Euro und weniger geht. Die immensen wirtschaftlichen Risiken sind nämlich auch für Kreditinstitute abzuwägen, und genau deshalb sollten Sie sich speziell in diesem Bereich gut vorbereiten.

Es gibt verschiedene Formen der Absicherung – darunter Sach- und Personensicherheiten. Den Unterschied sollten Sie bereits im Vorfeld kennen, um auf eventuelle Fragen vorbereitet zu sein. Immer hilfreich ist beispielsweise ein zweiter Kreditnehmer, der für die Schuldenmitübernahme einsteht. Aber auch Bürgschaften und andere Garantien können Sie anbieten, um Ihr Ziel schnellstmöglich zu erreichen. Sachsicherheiten werden ebenfalls akzeptiert, wobei der konkrete Wert von Versicherungen, beweglichem Vermögen und dergleichen lediglich zu einem Teil anerkannt wird. Haben Sie etwa eine Lebensversicherung anzubieten, die am Ende 100.000 Euro anzahlt, so rechnet der Kreditgeber einen Teil der Summe auf die Sicherheiten an. Immobilien sind in diesem Zusammenhang ähnlich bewertet. Seien Sie jedoch in jedem Fall vorsichtig mit Hypotheken, die Sie aufnehmen. Die Gefahr, am Ende Haus und Hof zu verlieren, sollte niemals unterschätzt werden.

Sofern Sie einen Bürgen vorbringen können, der über festes Einkommen oder aber Vermögen verfügt, ist die Kreditvergabe in der Regel relativ unproblematisch umsetzbar. Das Risiko tragen Sie dann nicht mehr allein, sondern Sie holen eine dritte Person hinzu, die gegebenenfalls für die Finanzierung einstehen muss.

Sobald Sie zahlungsunfähig werden, wenden sich Kreditgeber automatisch an den genannten Bürgen. Diese muss bei den Vertragsverhandlungen anwesend sein und die Unterlagen unterschreiben. Einfach Namen in den Raum zu werfen, bringt Sie also nicht weiter. Bürgen unterliegen einer Pflicht, offene Zahlungen zu tilgen. Haben Sie bereits einen Teil des Darlehens abtragen können, sinkt automatisch auch das Risiko für die dritte Person, die sich zu einer Bürgschaft bereiterklärt hat. In den meisten Fällen ist es so, dass der Bürge erst belangt wird, wenn eine Klage gegen Sie keine Aussicht auf Erfolg hat. Wird von Seiten der Kreditnehmer auf die Klausel verzichtet, tritt der Bürge jedoch sofort für die Schulden ein und muss sich darum kümmern, dass die Tilgung weiterläuft. Sollte dies nicht funktionieren, haften am Ende nicht nur Sie, sondern auch Ihr "Helfer". Überlegen Sie sich deshalb genau, ob Sie wirklich jemanden diesem Risiko aussetzen wollen. An Bürgschaften – gerade in Höhe eines Gründerdarlehens – sind bereits ganze Familien und Freundschaften zerbrochen. Besser ist es, Vermögens- und Sachwerte anzubieten. Damit verlieren Sie im schlimmsten Fall Ihre Immobilie, eine Lebensversicherung oder ähnliches; Dritte bleiben aber außen vor und werden nicht mit Ihrer Schuld belastet.

Werden Hypotheken und eine Grundschuld als Sicherheit zur Verfügung gestellt, müssen Sie im Falle der Nichtzahlung mit sofortiger Pfändung rechnen. Akzeptiert werden dabei unter anderem Lebensversicherungen, Wertpapiere, Bankguthaben (auch festgelegtes), Sachvermögen wie Edelmetalle, offene Forderungen an bereits vorhandene Kunden und alle Gegenstände, die Ihrem privaten bzw. gewerblichen Vermögen zuzurechnen sind. Selbst an den Lagerbestand kann das Kreditinstitut herangehen, sollten weitere Optionen die offene Schuld nicht ausreichend decken. Zu welchem Prozentsatz Ihre Sicherheiten angerechnet werden, das hängt von ihrer Art ab. Lassen Sie sich ausführlich beraten und erklären, welchen Wert Ihre Sach- und Vermögenswerte aus Sicht der Bank haben.

Gerade wenn es um Fremdkapital geht, ist eine gute Vorbereitung alles. Stellen Sie zunächst eine umfassende Kalkulation auf, aus der hervorgeht, wie hoch der Finanzbedarf tatsächlich ist. Hierzu rechnen Sie insbesondere auch die Fixkosten der ersten Monate ein, um nicht gleich nach den ersten Wochen pleite zu sein. Aus diesen Faktoren und dem bereits vorhandenen Eigenkapital erstellen Sie nun einen Finanzplan. Hilfe erhalten Sie beispielsweise bei Ihrem Bankberater, aber auch Unternehmensberatungen können Sie unterstützen – damit wirklich kein Posten in Vergessenheit gerät. Im nächsten Schritt gilt es, sich auf das anstehende Gespräch mit der Hausbank vorzubereiten. Von dort aus werden gegebenenfalls alle Anträge bei Förderbanken gestellt, sollte hier keine Kreditvergabe in der benötigten Höhe durchsetzbar sein. Schritt drei bei Ihrer Vorbereitung: Stellen Sie alle Sicherheiten als Liste auf, die Ihnen einfallen. Haben Sie ein abgezahltes Fahrzeug mit gewissem Wert? Wie sieht es mit Immobilien, Grundstücken, Festgeldkonten und Versicherungen aus?

Auch Bausparverträge können mitunter akzeptiert werden, sofern die abgeschlossene Summe hoch genug ist.

Sicherheiten allein reichen leider nicht aus, um eine Bank von der Kreditvergabe zu überzeugen. Viel wichtiger ist es, dass Ihre Geschäftsidee erfolgversprechend ist. Sie brauchen eine umfangreiche Präsentation, die alle wichtigen Aspekte der Existenzgründung beinhaltet. Wo wollen Sie starten? Wie sieht die Zielgruppe aus? Wann ist mit ersten Umsätzen zu rechnen und gibt es Potential für eine Expansion des Unternehmens? All diese Punkte müssen beim Vorstellen Ihres Konzepts vorhanden sein, denn je genauer Sie Ihre Idee erklären, desto einfacher ist es, Kreditgeber zu überzeugen. Um ein Beispiel zu nennen: Eine Kneipe auf der Königsallee in Düsseldorf würde heutzutage wohl kaum jemand unterstützen. Sie brauchen Alleinstellungsmerkmale und die Konkurrenz darf nicht zu groß sein. Je besser außerdem die Infrastruktur ist und je mehr Menschen sich für Ihr Produkt oder eine Dienstleistung begeistern können, desto besser. Diese Argumente können Sie immer wieder mit dem Finanzplan verknüpfen und als potentielle Sicherheiten erwähnen. Alle sonstigen Sicherheiten lassen Sie am besten schon im Vorfeld von einem Gutachter darlegen. Damit verhindern Sie, dass die Bank den jeweiligen Wert zu niedrig ansetzt.

Ab wann ist ein Steuerberater sinnvoll?

Sofern Sie Kenntnisse in den Bereichen Steuern und Buchhaltung haben, brauchen Sie sicherlich nicht gleich einen Steuerberater. Dieser kann aber im Endeffekt auch nicht schaden. Schließlich ist es Ihr erklärtes Ziel, bereits in den ersten Monaten Geld in die Kasse zu bekommen und das Unternehmen erfolgreich voranzuführen, das Sie derzeit planen – oder möglicherweise sogar schon eröffnet haben. Ein Steuerberater kostet zwar Geld, kann Sie aber bereits ab dem ersten Tag in die richtige Richtung führen. Dies gilt insbesondere für Existenzgründer, deren Umsätze vermutlich weit über der Freigrenze liegen werden; ob nun direkt im ersten Geschäftsjahr oder erst später, spielt für die Beratung keine Rolle. Ihnen muss klar sein, dass der Staat vom ersten Euro an mitverdienen möchte. Schon nach Ablauf des ersten Jahres wird man Ihnen eine Erklärung abverlangen, in der Sie alle Einkünfte und Ausgaben deutlich machen müssen. Spätestens hier lassen sich viele Jungunternehmer mehr Geld nehmen als eigentlich notwendig, denn mit den Tricks und Kniffen erfahrener Steuerberater können Sie wesentlich mehr Freibeträge geltend machen und Dinge absetzen als gedacht.

Eine Einkommensteuererklärung sieht schon auf den ersten Blick nach einem Buch mit sieben Siegeln auf. Sofern Sie keine bedeutsamen Summen eingenommen haben, können Sie die alljährliche Pflicht natürlich ganz ohne Aufwand selbst hinter sich bringen. Wie komplex die ganze Sache ist, hängt auch von der Art Ihrer

Selbständigkeit ab. Freiberufler müssen beispielsweise nur eine simple Buchhaltung vorweisen und können mittels Einnahmen- Überschussrechnung darstellen, wie viel am Ende vom Umsatz übrig bleibt. Für Gewerbetreibende gestaltet sich das Unterfangen deutlich komplexer, denn neben der doppelten Buchführung müssen weitere Aspekte beachtet werden, mit denen sich nur die wenigsten Existenzgründer auskennen. Es reicht zwar aus, Einnahmen gegen Ausgaben zu stellen und die Differenz als zu versteuerndes Einkommen anzugeben. Damit würden Sie dem Staat jedoch viel Geld schenken – Geld, das sich in Ihrem Betrieb wesentlich effektiver einsetzen ließe.

Ein guter Steuerberater, der sich sowohl mit Freiberuflern als auch mit Gewerbetreibenden auskennt, holt für Sie das gesamte Einsparpotential aus. Er kennt die Palette der Dinge, die Sie steuerlich als Ausgaben geltend machen können, weiß um verschiedene Pauschalen und kann Sie insbesondere bei einem komplexen Betrieb regelmäßig unterstützen. Die Zahlen Jonglage ist mit Sicherheit nicht jedermanns Sache. Sollten Sie sich lieber auf Ihr Unternehmen und die ohnehin umfangreichen Aufgaben konzentrieren wollen, dann überlassen Sie am besten gleich alle wirtschaftlichen Aspekte dem Steuerberater – allen voran die Buchführung, die einwandfrei laufen muss. Sollte es zu einer Prüfung durch das Finanzamt kommen, sind Sie mit einem Steuerberater an Ihrer Seite in jedem Fall sicher und müssen nicht befürchten, dass Ärger droht. Je mehr Geschäftsjahre vergangen sind, desto mehr wächst auch das Vertrauen in den Berater Ihrer Wahl. Er wird Ihre Zahlen irgendwann geradezu auswendig kennen und weiß genau, an welchen Stellen Sie selbst viel Geld einsparen können.

Spätestens ab dem zweiten Geschäftsjahr kommen Sie mit Ihrem Unternehmen nicht mehr umher, einen Steuerberater aufzusuchen. Dann nämlich wird der Umsatz ausgehend vom Vorjahr geschätzt und es werden Vorauszahlungen fällig. Die Summe ist aber meist so hoch, dass sie ein Existenzgründer kaum zahlen kann. In diesem Augenblick bietet es sich an, wenn der Fachmann verschiedene Investitionen vorausschiebt, die Sie im folgenden Geschäftsjahr planen. Dadurch, aber auch durch verschiedene andere "Steuertricks", lässt sich die festgelegte Vorauszahlung senken und Sie bekommen noch ein Jahr mehr Zeit, Rücklagen für bald fällige Steuern zu schaffen.

Viele Selbständige wenden sich erst gar nicht an einen Steuerberater – weil ihnen die Kosten für Beratung und Hilfe schlichtweg zu hoch erscheinen. Dass fachlicher Rat teuer ist, das können wir nicht abstreiten. Dennoch macht sich diese Unterstützung schon in den ersten Monaten der eigenen Selbständigkeit bezahlt. Sofern Sie keine Ausbildung in der Finanzbuchhaltung absolviert und auch kein wirtschaftliches Studium hinter sich gebracht haben, werden Sie mit einem Steuerberater immer besser fahren als wenn Sie selbst die Erklärungen ausfüllen und abgeben.

Sofern Ihnen das Geld für eine fachliche Beratung fehlt, hören Sie sich im direkten Umfeld um. Oftmals gibt es fachlich versierte Personen, die Ihnen einen Freundschaftsdienst erweisen und Sie bei der Abgabe der Steuererklärung unterstützen können. Ansonsten hilft es generell, mehrere Berater miteinander zu vergleichen und sich die günstigste Option herauszusuchen. Lohnsteuerhilfevereine sind dabei übrigens die falschen Ansprechpartner. Sie kosten zwar nur einige Euro pro Jahr, sind aber nicht so versiert auf dem Gebiet der Einkommensteuer, zu der Selbständige im Gegensatz zu Arbeitnehmern veranschlagt werden.

Kann Unternehmensberatung helfen?

Sie sind Existenzgründer und haben ein klares Ziel vor Augen: Ihre Geschäftsidee zum Erfolg führen! Ein guter Plan, und Plan sollten Sie unbedingt auch von dem haben, was Sie sich da vorgenommen haben. Know-how allein genügt leider nicht immer, damit alles so läuft, wie man es sich von seiner neu geplanten Selbständigkeit erhofft. Es gibt derart viele Dinge, die neben dem Konzept eine Rolle spielen, dass man als Einsteiger kaum alles im Kopf haben kann. In diesem Fall ist die

Unternehmensberatung eine gute Option. "Das kostet mich doch ein Vermögen", hören wir in unserem täglichen Umgang mit Existenzgründern immer wieder. Und ja, Sie haben mit der Befürchtung nicht einmal Unrecht. Aber wissen Sie wirklich ohne Hilfe, welche Rechtsform Sie für Ihre Firma am besten wählen? Oder kennen Sie sich damit aus, welche Einnahmen und Ausgaben in den ersten Monaten, wenn nicht sogar Jahren auf Sie zukommen werden? Wie Sie es aus mit der Buchhaltung oder der Kalkulation eines möglichen Kredits? Wenn Sie auch nur eine der Fragen mit "Nein" beantworten müssen, kommen Sie nicht umher, sich an erfahrene Unternehmensberater zu wenden. Achten Sie jedoch darauf, dass der Anbieter seriös ist und einen kompetenten Eindruck vermittelt.

Gerade das Startup ist entscheidend für den weiteren Werdegang Ihrer Existenz. Und spätestens hier stehen Sie vor dem ersten Problem, denn: eine Unternehmensberatung geht ins Geld, und Sie haben es ohnehin schwer, all die Kosten zu stemmen, die anfangs auf Sie zukommen. In vorigen Kapiteln haben wir bereits erwähnt, dass es speziell in der Gründungsphase fatal wäre, am falschen Ende zu sparen. Machen Sie die Frage, ob Ihnen ein Unternehmensberater gut tut, also auf gar keinen Fall allein von den Kosten abhängig. Sie investieren mit der Inanspruchnahme des Expertenwissens schließlich in Ihre Zukunft. Als Unternehmer müssen Sie anders denken, investieren und nicht wie ein Arbeitnehmer versuchen, möglichst sparsam zu leben. Das bedeutet natürlich nicht, Sie sollen wahllos mit Geld um sich werfen. An richtiger Stelle eingesetzt, wird sich Ihr Kapital aber umso schneller vervielfachen – es lohnt sich!

Ob eine Unternehmensberatung sinnvoll ist oder lediglich ein "teurer Spaß", das hängt von Ihren persönlichen Kenntnissen und Fähigkeiten ab. Verfügen Sie nicht über genug Fachwissen in der Branche, haben darüber hinaus wenig Zeit, sich mit den verschiedenen Aspekten zu beschäftigen und es fehlt Ihnen außerdem an Helfern, die zumindest teilweise Unterstützung leisten können, dann tut die Beratung durch einen Unternehmensberater generell not – und sie wird sich spätestens nach den ersten Geschäftsmonaten für Sie auszahlen.

Die richtige Reihenfolge ist Gold wert

Haben Sie sich dazu entschlossen, eine Unternehmensberatung für Gründer in Anspruch zu nehmen, dann sollte dieser Schritt vor den Gesprächen mit potentiellen Geldgebern stehen. Sie können bei der Bank in jedem Fall punkten, wenn Sie nachweisen können, dass Ihr Konzept nicht nur Hand und Fuß hat, sondern auch von Experten den notwendigen Feinschliff erhalten hat. Nehmen wir an, Sie möchten eine Kfz-Werkstatt für Oldtimer eröffnen, haben sich über Jahre hinweg auf diese Fahrzeuge spezialisiert. Jetzt ist der richtige Zeitpunkt für die Existenzgründung gekommen. Doch wohin mit der Werkstatt? Ein Unternehmensberater wird Ihnen den passenden Standort erklären und aufzeigen, warum Sie mit diesem besser beim Antrag auf Fördergelder dastehen als mit der von Ihnen entwickelten Idee. Fördergelder sind in einigen Fällen "geschenkt", was bedeutet, Sie müssen nichts zurückzahlen. Dafür ist es noch wichtiger, Ihr Konzept zu perfektionieren, denn im Vergleich zu einer Hausbank erwarten die Institutionen zwar kein Geld zurück, wollen aber dennoch Erfolge sehen.

Unternehmensberater sind darauf spezialisiert und geschult, die bestmögliche Finanzierung für Sie zu erarbeiten. Es gibt unzählige Stellen, an die sich Existenzgründer wenden können, um Zuschüsse zu erhalten – solche, die Sie im Gegensatz zum Kredit nicht zurückzahlen müssen. Welche Angebote sich miteinander kombinieren lassen, das kann ein Laie im Endeffekt gar nicht wissen. Umso mehr werden Sie froh darüber sein, sich an Experten gewandt zu haben. Je nach Unternehmen sind bei der Förderung bis zu 50.000 Euro für Sie drin. Allein dafür lohnt es sich, einen Gründercoach aufzusuchen und sich einschlägig über alle Optionen beraten zu lassen.

Kreditgeber werden sich sogar dafür revanchieren, dass Sie sich auf Hilfe verlassen haben. Wählen Sie eine

Unternehmensberatung, die mit der KfW Förderbank zusammenarbeitet, wird Ihnen ein Teil der entstandenen Beratungskosten durch selbige erstattet. Sie zahlen also nicht einmal die Hälfte dessen, was ein umfassendes Coaching eigentlich kosten würde; und bekommen obendrein unzählige Tipps mit auf den Weg, aus denen Sie Kapital und erfolgreiche Konzepte schöpfen können. Wenn Sie bisher arbeitslos waren, profitieren Sie umso mehr von dem Angebot guter Unternehmensberater. Die KfW übernimmt in diesem Fall nämlich bis zu 90% aller anfallenden Kosten für die Beratung. Der Eigenanteil liegt dann gegebenenfalls bei lediglich 400 Euro. Diesen Betrag sollte Ihnen über die Arge oder das Arbeitsamt ausgelegt werden.

Die Unternehmensberatung lohnt aber auch später noch. Ab dem zweiten Geschäftsjahr stehen Ihnen weitere Fördergelder für die Beratung zu. Alle notwendigen Anträge stellen Sie in Zusammenarbeit mit der Firma, für das Sie sich entschieden haben. In der Regel ist die umfassende Beratung gar nicht so kostspielig wie viele glauben – vorausgesetzt, es werden alle Zuschüsse ausgeschöpft.

Welche Kosten kommen auf mich zu?

Umsonst gibt es gerade bei der Existenzgründung nicht. Sie müssen erst einmal ordentlich in die Tasche langen, bevor Ihr Unternehmen ans Laufen kommt neben zahlreichen Investitionen in Material, Technik, Räumlichkeiten und Co., die je nach Art des Unternehmens stark variieren, brauchen Sie unbedingt ein bisschen Geld auf der hohen Kante für eine fachliche Beratung. Die beiden Säulen, die Ihre Firma zum Erfolg führen, sind Unternehmens- und Steuerberater. Beide Angebote nutzen Sie voneinander unabhängig, wobei Sie im Bereich der Unternehmensberatung zumindest Rat bekommen, wenn es um Dinge wie die richtige Rechtsform geht.

Steuer- und Unternehmensberater sollten nicht miteinander verwechselt werden. Zwar sind beide Anbieter mit dem jeweils anderen Bereich vertraut, doch letztlich hat es gute Gründe, warum diese Branchen deutlich voneinander getrennt wurden. Auf das fachliche Know-how eines Unternehmensberaters sollten Sie deshalb genauso wenig verzichten wie auf einen Steuerberater, der sich ausschließlich mit Ihren Betriebszahlen beschäftigt. Das Netzwerk aus diesen Säulen führt Sie durch die ersten Monate der Existenz und wird auch in den Folgejahren eine große Hilfe sein. Auf eine Steuerberatung sollten Unternehmer generell nicht verzichten, denn mit dem fachlichen Wissen der Berater sparen Sie viel Geld – Geld, das andernfalls in die Kasse des Finanzamts fließen würde.

Das kosten Steuerberater

Die Höhe der Gebühren für Steuerberater kann nicht pauschal auf den Punkt gebracht werden. Wie viel Sie an einen Profi zahlen müssen, hängt von diversen Faktoren ab – darunter der Umfang der Beratung. Vom Steuerberater können zum Beispiel Steuererklärungen erstellt werden. Je mehr Kriterien dabei beachtet werden müssen, desto teurer. Eine doppelte Haushaltsführung, Sachwerte und Dinge, die von der Steuer abgesetzt werden sollen, erweitern die Erklärung und treiben die Gebühren kräftig in die Höhe. Möchten Sie dazu noch Ihre Buchhaltung an den Fachmann übergeben, kommen monatliche Kosten hinzu, deren Höhe Sie natürlich im Vorfeld erfragen sollten. Nach oben hin sind Grenzen gesetzt, die sich aus der sogenannten Vergütungsordnung für Steuerberater ergeben. Ab einem Jahresumsatz von 10.001 Euro liegt der Mindestbetrag für eine Erklärung bei rund 150,- Euro. Erwirtschaften Sie sogar 200.000 Euro pro Jahr, steigt die Summe auf 310,- Euro. In der Gebühr, die nach oben zumindest ein bisschen Luft hat, sind lediglich die Bearbeitung des notwendigen Mantelbogens sowie die Anlage N enthalten. Alle weiteren Zusatzbögen verlangen weitere Gebühren, die ebenfalls nach dem Einkommen gestaffelt sind.

Nehmen wir an, Sie würden etwas unter 38.000 Euro Umsatz erreichen. Das Honorar kann in diesem Fall zwischen 190 und 1400 Euro schwanken. In der Regel werden Steuerberater einen akzeptablen Mittelwert wählen, mit dem beide Seiten gut leben können. Es lohnt sich jedoch, die Angebote mehrerer Berater zu vergleichen, denn gerade als Existenzgründer können Sie dadurch viel Geld sparen – vor allen Dingen, wenn Sie ein Unternehmen finden, das sich an den Mindestsätzen orientiert.

Oft kommen Selbständige auf eine simple Idee: "Dann wende ich mich einfach an einen Lohnsteuerhilfeverein." Schließlich kostet dieses Angebot lediglich zwischen 50 und 265 Euro jährlich. Der Haken an der Sache ist, dass diese Vereine ausschließlich Arbeitnehmern helfen dürfen – außer solchen, die zusätzlich zum Lohn ein Einkommen aus Land- und Forstwirtschaft erzielen. Selbständige haben generell keine Möglichkeit, das Angebot in Anspruch zu nehmen; schon deshalb nicht, weil sich diese Vereine auf Lohnsteuererklärungen spezialisiert haben. Eine Einkommenssteuererklärung für Freiberufler und Gewerbetreibende ist weitaus komplexer und gehört deshalb in die Hände erfahrener Steuerberater.

Honorare für Unternehmensberater

Was genau die Unternehmensberatung leisten kann, haben wir bereits im vorigen Artikel ausführlich erklärt.

Bleibt die Frage: Was kostet so eine Beratung überhaupt? Sie sollten die Inanspruchnahme professioneller Hilfe nicht allein von der abschließenden Rechnung abhängig machen, denn gerade in den ersten Jahren zahlt es sich aus, einen fachlich versierten Berater an Ihrer Seite zu haben. Leider gibt es das Angebot der Unternehmensberatung nicht unentgeltlich. Sollte jemand etwas anderes behaupten, kann es sich definitiv nicht um einen seriösen Anbieter handeln. Günstig ist die Beratung tatsächlich nicht, doch letzten Endes sparen Sie dafür an anderer Stelle und können sogar zahlreiche Gelder beantragen, die den zunächst hohen finanziellen Aufwand mehr als wettmachen.

Ähnlich wie bei der Steuerberatung lohnt es sich auch hier, Preise zu vergleichen und mit diversen Anbietern in Ihrer Umgebung Kontakt aufzunehmen. Grund dafür ist, dass das Honorar nicht auf einen bestimmten Betrag festgelegt wurde. Zum einen schwingen Faktoren wie die Art des von Ihnen geplanten Startups eine Rolle, zum anderen sind die Spannen der Honorare von vornherein sehr groß. Eine eintägige Beratung wird mit 500 bis 1.500 Euro zu Buche schlagen – und das ist erst der Anfang. Schließlich brauchen Sie weit mehr Unterstützung und werden beim ersten Gespräch längst nicht alle Informationen bekommen, die Ihnen bei den weiteren Schritten helfen. Existenzgründer sparen unter Umständen Geld, da Ihnen finanzielle Unterstützung von Seiten der Länder angeboten wird. Diese richtet sich lediglich an kleinere Unternehmen sowie an mittelständische Betriebe. Ob Sie in diese Rubrik fallen, hängt von der gewählten Größe, dem voraussichtlichen Jahresumsatz und einigen weitere Aspekten ab. Als Gründer sollten Sie immer nach der Option fragen, finanzielle Hilfen beantragen zu dürfen.

Kapitel 6 – richtig versichern

Mit jeder Existenzgründung und Selbständigkeit gehen Sie gewisse Risiken ein. Diese sollten Sie rechtzeitig absichern, um mögliche Gefahren von vornherein auszuschließen. Gemeint sind nicht nur die Risiken, die Sie als Unternehmer tragen. Auch privat werden Sie sich in Puncto Versicherungen umstellen müssen. Meist fällt Startup Unternehmen als erstes die notwendige und in Deutschland sogar verpflichtende Krankenversicherung ein. Diese ist jedoch nur die Spitze des Eisbergs, denn Sie müssen im Endeffekt viel mehr Risiken im Blick behalten und sich vor möglichen Konsequenzen schützen. Es gibt inzwischen derart viele Versicherungen für Unternehmer, dass man schnell den Überblick verlieren kann. Eine Unternehmensberatung wird Sie in diesem Punkt unterstützen. Dennoch möchten wir schon jetzt die wichtigsten Formen der Absicherung aufzeigen. Welche Versicherungen Sie für Ihren Betrieb benötigen und was am sinnvollsten ist, hängt von diversen Faktoren ab. Tragen Sie die Verantwortung für Personal, haben große Räumlichkeiten gemietet und sind im Besitz kostspieliger Maschinen, dann muss die Versicherungswahl natürlich anders ausfallen als bei einem Freiberufler, der allein von zu Hause aus arbeitet.

Zunächst einmal sollten Sie sich selbst absichern. Schließlich müssen Sie selbst auf der sicheren Seite sein, damit Sie sich voll und ganz auf das Anlaufen Ihres Unternehmens konzentrieren können. Dazu benötigen Sie in erster Linie eine Krankenversicherung, ohne die es in Deutschland ohnehin nicht geht. Hierzulande besteht in diesem Bereich Versicherungspflicht; auch wenn Sie glauben, dass Sie ohnehin nicht oft krank sind. Daneben kann es hilfreich sein, eine Berufsunfähigkeitsversicherung abzuschließen. Werden Sie krank und können den Beruf nicht mehr ausüben, erhalten Sie aus der Versicherungssumme monatlich Geld, um über die Runden zu können. Wie es mit dem Unternehmen weitergeht, hängt natürlich von Ihrer persönlichen Situation ab. Übrigens können Sie auch in der Selbständigkeit freiwillig eine Arbeitslosenversicherung abschließen. Sollte der Betrieb nicht laufen und Sie müssen Ihn aufgeben, erhalten Sie zumindest Arbeitslosengeld I und damit deutlich mehr Geld als ein Hartz IV Empfänger.

Achten Sie beim Abschluss der Krankenversicherung unbedingt darauf, dass Ihnen Krankentagegeld zusteht. Ein weiterer Aspekt ist die Absicherung im Alter. Sie können auch als Unternehmer in der gesetzlichen Rentenversicherung bleiben und Beiträge in vorgegebener Höhe entrichten. Möchten Sie jedoch mehr vom Leben – und vor allen Dingen vom Ruhestand – haben, dann kann es sinnvoll sein, sich über Alternativen zu informieren. Existenzgründern stehen recht viele Vorteile zur Auswahl; gerade, wenn es um die Beitragshöhe geht. Sie profitieren beispielsweise bei der Krankenversicherung von günstigeren Konditionen, sofern Sie sich in den ersten beiden Geschäftsjahren befinden. Im privaten Bereich sind Sie mit den vorgenannten Versicherungen in der Regel bestens versorgt. Nehmen Sie sich Zeit für einen Preis-Leistungsvergleich und entscheiden Sie nicht voreilig, welche Anbieter für Sie in Frage kommen. Der günstige Preis allein ist nämlich nicht das einzige, das von Bedeutung sein kann. Gerade Aspekte wie die Versicherungssumme der BU-Versicherung sowie das Krankentagegeld sind immens wichtig. Sie sollen schließlich auch in Zeiten von Krankheit und Berufsunfähigkeit nicht am Existenzminimum leben müssen.

Vermutlich fragen Sie sich nun, wie es mit einer Lebensversicherung aussieht und ob diese wirklich notwendig ist. Ehrlich gesagt sollten Sie eine solche immer abschließen – auch als Nicht-Selbständiger. Deshalb lassen wir diesen Bereich der privaten Absicherung vorerst außen vor. Sofern Sie eine Familie zu versorgen haben, ist es immer empfehlenswert, sich im privaten Bereich mit weiteren Versicherungen zu befassen. Ob Sie Existenzgründer sind oder nicht, spielt jedoch keine Rolle für Ihre Entscheidung.

Haben Sie Ihre privaten Versicherungen erst einmal im Blick, geht es an die Analyse der möglichen und sinnvollen Gewerbeversicherungen. Nicht jede ist für alle Unternehmensformen geeignet; und vor allen Dingen müssen Sie nicht unnötig viel Geld für eine Absicherung aufbringen, die in Ihrem speziellen Fall keinen Sinn macht. Dass Sie Ihren Betrieb absichern müssen, das steht außer Frage. Schließlich kann Sie ein Nicht-Gelingen der Existenzgründung schnell in den finanziellen Ruin stürzen; zumal Sie möglicherweise vom ersten Tag an die Verantwortung für Angestellte übernehmen. Kommt es zu Schäden an Maschinen, technischen Geräten und dergleichen, ist die Pleite vorprogrammiert. Schließlich haben nur die wenigsten Gründer genug Geld im Rückhalt, um sich gleich wieder neu ausstatten zu können.

Es muss klar sein, welche Geschäftsform Sie planen und was Sie dazu benötigen. Nehmen Sie Ihre Kalkulation sowie das erstelle Konzept zu Hilfe, um sich richtig abzusichern. Selbständige, die ein Gewerbe eröffnen, brauchen in jedem Fall eine Geschäftsinhalts-, eine Vermögensschadenhaftplicht- sowie eine Betriebshaftpflichtversicherung. Sach- und Rechtsschutzversicherungen sind ebenfalls anzuraten, wobei die abzusichernde Summe natürlich je nach Betrieb variieren kann. Sie müssen nicht gleich ein Vermögen für Versicherungen aufbringen. Einige Optionen brauchen Sie unbedingt schon bei der Existenzgründung. Für andere dürfen Sie sich getrost ein wenig Zeit lassen – vorausgesetzt, das Risiko hält sich in einem Rahmen, den Sie selbst verantworten können.

Wenn man so will, könnten Sie als Selbständiger dutzende Versicherungen abschließen. Verlassen Sie sich deshalb nicht auf dubiose Vertreter, die Ihnen natürlich möglichst viel verkaufen wollen – allein der Provisionen zuliebe, die den Vermittlern zustehen. Besser ist es, sich auch mit Fragen rund ums Thema Absicherung an einen seriösen Unternehmensberater zu wenden. Er kennt die gängigen Fehler, die Existenzgründer immer wieder machen. Viele neigen nämlich dazu, sich entweder unter- oder gleich über zu versichern. Beide Varianten können Sie am Ende viel Geld kosten. Stellen Sie sich selbst folgende Fragen:

1. Wie wahrscheinlich sind diverse Risiken?
2. Kann ich die Risiken finanziell selbst tragen?
3. Welche Risiken gibt es überhaupt in meiner Selbständigkeit?

Denken Sie unbedingt daran, Ihren Versicherungsschutz regelmäßig überprüfen zu lassen. Mit jeder Veränderung im Betrieb kann sich nämlich auch Ihr Bedarf ändern. Schaffen Sie beispielsweise neue, teurere Maschinen an, sollten diese unbedingt in die Versicherungssumme mit einfließen. Dasselbe gilt, wenn Sie Ihren Betrieb vergrößern oder Teilbereiche des Unternehmens abschaffen. Versicherungslaufzeiten sollten Sie schon vor dem Abschluss abklären, da zu lange Laufzeiten oftmals nicht anzuraten sind. Planen Sie bei der Kalkulation sämtliche Beiträge ein, die in den ersten Monaten – besser noch im ersten Geschäftsjahr – anfallen. Damit können Sie sicher sein, alle Kosten zu decken und bei keiner abgeschlossenen Versicherung in Verzug zu geraten.

Spätestens an dieser Stelle dürfte eins klar sein: Die Krankenversicherung allein ist bei Weitem nicht das einzige Thema, um das Sie sich als Gründer kümmern müssen. Zwar ist eine gute Absicherung alles, doch im Endeffekt gibt es durchaus Risiken, die Sie ganz ohne solche Versicherungen tragen können. Inzwischen bieten verschiedene Agenturen ganze Pakete für Selbständige und Existenzgründer an. Sollten Sie ein solches Angebot nutzen wollen, dann sollte sich dieses unbedingt an Ihre Bedürfnisse anpassen lassen. Andernfalls stehen Sie vor der oftmals vorkommenden Überversicherung und zahlen im Endeffekt nur drauf. Einige Risiken lassen sich übrigens von vornherein vermeiden. Immer notwendig: Alarmanlagen, Sprinkler, Feuermelder und andere Produkte, mit deren Hilfe Sie gar nicht erst in eine Notlage geraten. Je besser Sie sich schützen, desto günstiger wird übrigens auch die fällige Versicherungsprämie.

Neben der Frage welche Versicherung für Selbstständige notwendig ist, sollte der Existenzgründer generell auch an die Vorbeugung und Vermeidung von Risiken denken und gegebenenfalls notwendige Investitionen tätigen. Zum Beispiel:

- Feuer- und Rauchmelder
- Alarmsysteme
- Sprinkleranlagen usw.

Verträge prüfen

Prüfen Sie Ihre abgeschlossenen Versicherungsverträge regelmäßig einerseits darauf,

- ob die Versicherung für Selbstständige noch nötig ist, andererseits darauf
- ob durch die Erweiterung Ihrer Geschäftstätigkeit neue Tatbestände abgesichert sind bzw. die Deckungssummen noch angemessen sind
- außerdem müssen Sie Veränderungen in der Risikolage durch betriebliche Veränderungen auch der Versicherung mitteilen.

Achten Sie außerdem auf Bedingungen Ihrer Verträge und erfüllen Sie diese stets, sonst kann es im Schadensfall zur Ablehnung durch die Versicherung kommen.

Privat oder gesetzlich versichern?

Das Sie bereits bei diesem Kapitel angekommen sind, gehen wir davon aus, Sie sind weiterhin fest entschlossen, Ihre Existenzgründung anzugehen – und das trotz der vielen Hürden, die Sie in den ersten Monaten zu bewältigen haben. Wenn dem so ist, dann stehen Sie im Bereich von Kranken- und Rentenabsicherung vor weiteren elementaren Entscheidungen, die Ihnen niemand abnehmen kann. Gerade wenn es um Krankenversicherungen geht, steht man als Existenzgründer vor der Wahl. Neben der freiwilligen gesetzlichen Versicherung bietet sich auch die Möglichkeit, sich privat absichern zu lassen. Welche der beiden Optionen besser ist, lässt sich nicht pauschal beantworten. Diverse Faktoren sollten Sie gegeneinander abwägen, bevor Sie eine Entscheidung treffen.

Nicht nur die gesetzliche Krankenversicherung bietet Ihnen in der Selbständigkeit diverse Vorteile. Was die grundlegenden Beiträge angeht, fahren Sie mit der privaten Alternative oftmals deutlich besser – allerdings nur auf den ersten Blick und wenn Sie nicht gleich erkranken. Bei der Wahl ist vor allen Dingen Weitsicht gefragt. Möchten Sie eine Familie gründen oder haben bereits eine, geht es Ihnen gesundheitlich gut? Was planen Sie für Ihre weitere persönliche Zukunft? Von all diesen Aspekten sollten Sie die Entscheidung abhängig machen. Ein Preisvergleich im Internet kann Ihnen als

Entscheidungshilfe dienen, denn während die gesetzliche Krankenkasse feste Vorgaben hinsichtlich der Beiträge hat, kommt es bei der privaten Versicherung darauf an, wie alt Sie sind, ob es eine Krankengeschichte gibt und welches Geschlecht Sie haben. In beiden Fällen spielt außerdem das Jahreseinkommen eine nicht unbedeutende Rolle dafür, welche Kosten am Ende auf Sie zukommen können.

Noch bis vor einigen Jahren musste ein bestimmtes Mindesteinkommen erzielt werden, um überhaupt in die private Krankenversicherung wechseln zu können. Diese Voraussetzung gilt für Selbständige nicht mehr; was bedeutet, Sie treffen Ihre Entscheidung unabhängig davon, ob Sie 10.000 oder 100.000 Euro pro Jahr erwirtschaften werden. Welche Vorteile der Wechsel mit sich bringt, das liegt daran, in welcher Lebenssituation Sie sich befinden – und wie sich diese eventuell in den kommenden Jahren ändern könnte. Die private Absicherung eignet sich vorrangig für junge Unternehmen mit einem passablen Jahresumsatz. Sollte sich dieses erst nach einigen Geschäftsjahren stabilisiert haben, besteht natürlich immer noch die Möglichkeit, vom klassischen Modell in die private Krankenkasse zu wechseln. Anders sieht es aus, wenn Sie ein gewisses Alter erreicht und eine Familie gegründet haben. Privatpatienten zahlen nämlich für jedes Mitglied einen ordentlichen Beitrag obendrauf, während Kinder und Ehepartner in der gesetzlichen Krankenkasse kostenfrei mitversichert sind.

Sobald Ihre Existenzgründung beschlossene Sache ist, sollten Sie sich unbedingt fachlichen Rat einholen – zum Beispiel bei einem Unternehmensberater, der auch mit diesem Thema bestens vertraut ist. Schon vorher können Sie sich natürlich selbst Gedanken über die aktuelle und künftige Lebenssituation machen, denn einmal gewechselt, kommen Sie nicht ohne weiteres aus der privaten Krankenversicherung raus. Wichtige Kriterien für eine Entscheidung sind Ihr Alter, Erkrankungen, der Umfang der Versicherungsleistungen, vorhandene Kinder und Partner sowie die mögliche Eigenbeteiligung, deren Höhe Ihren Monats- oder Jahresbeitrag senken wird. Ob die private Krankenversicherung tatsächlich günstiger ist, hängt nicht zuletzt von Ihren Ansprüchen ab. Sofern Sie lediglich Standardleistungen bei Behandlungen wünschen, sparen Sie allemal viel Geld ein. Sind aber Sonderwünsche vorhanden, wie zum Beispiel Einbettzimmer, Chefarztbehandlungen und dergleichen, schnellen die Versicherungsprämien ganz schnell in die Höhe.

Künstlern und Publizisten werden bei der Frage nach der richtigen Absicherung die größten Entscheidungen abgenommen. Es bleibt ihnen nämlich gar nichts anderes übrig als Mitglied in der Künstlersozialkasse zu werden. Bis auf einige Ausnahmen sind hier registrierte Freiberufler automatisch gesetzlich versichert – es sei denn, in mindestens einem Geschäftsjahr wurde ein

Umsatz in Höhe von mindestens 49.500 Euro erwirtschaftet. Mit diesem Umsatz entfällt die gesetzliche Versicherungspflicht, die seit ewigen Zeiten in Deutschland gilt. Die Künstlersozialkasse, auch KSK genannt, übernimmt jeweils die Hälfte der Versicherungsbeiträge und fungiert damit ähnlich wie ein klassischer Arbeitgeber. Neben der Krankenkasse wird auch die Rentenversicherung eingezahlt. Als freischaffender Künstler oder Publizist müssen Sie sich mit der Thematik also gar nicht lange beschäftigen.

Welche Versicherungsform besser ist, sollte insbesondere Existenzgründer interessieren. In den ersten Jahren bietet sich Ihnen enormes Sparpotential – allerdings nur bei einer der beiden Varianten. Die private Krankenkasse kalkuliert den fälligen Beitrag danach, welches Geschlecht Sie haben, wie alt Sie sind und welche Vorerkrankungen bestehen. Daneben können Sie selbst Wünsche anbringen, die Einfluss auf den Tarif nehmen. Als Existenzgründer kommen Sie deutlich günstiger weg als in der gesetzlichen Krankenkasse, denn private Anbieter haben inzwischen eine ganze Palette an Sonderkonditionen parat, mit denen Sie sehr viel sparen können. Wenn es gewünscht wird, versichert der die private Krankenkasse diverse Sonderleistungen einfach mit; darunter Hörgeräte, Zahnersatz und dergleichen. Ob sich der Wechsel auch dann noch lohnt, wenn Sie eine Familie mitversichern wollen oder müssen, hängt vom Einzelfall ab. Die Vor- und Nachteile sollten Sie in jedem Fall gegeneinander aufwiegen, um eine gute Entscheidung für sich selbst treffen zu können.

Wer sich gegen die private Absicherung entscheidet, der muss zwangsbleibe Mitglied in einer gesetzlichen Krankenkasse bleiben. Vom Gesetzgeber wurden diverse Leistungen festgelegt, die die Versicherung erbringen muss. Ob Sie bereits krank sind, Familie oder ein gewisses Alter erreicht haben, spielt für diese Option keinerlei Rolle. Auch ändert sich an den Leistungen dann nichts, wenn Sie über ein besonders hohes Einkommen verfügen. Lediglich der Beitrag wird entsprechend angepasst. Zum aktuellen Stand liegt dieser bei 15,5% des Bruttoeinkommens. Sofern Sie auf Krankengeld verzichten möchten, können Sie alternativ vom ermäßigten Satz Gebrauch machen, welcher bei 14,9 Prozent liegt. Um Krankengeld zu erhalten, können Sie natürlich optional eine zusätzliche Versicherung abschließen – was wir Ihnen an dieser Stelle unbedingt empfehlen. Die gesamte Familie fällt automatisch unter den Schutz Ihres Versicherungsverhältnisses – es sei denn, Ehepartner und Kinder sind selbst sozialversicherungspflichtig angestellt oder verfügen aufgrund einer Selbständigkeit über eine eigene Versicherung.

In der Regel liegt die Mindestbemessungsgrenze bei etwas über 1.900 Euro. Ausgehend davon berechnet sich folglich der geringste Versicherungsbeitrag, den Sie monatlich erbringen müssen. Die Höchstbemessungsgrenze ist für Existenzgründer vermutlich nicht allzu relevant, denn nur die wenigen

Startups kommen gleich zu Beginn auf solch enorme Umsätze. Sollte dies bei Ihnen jedoch zutreffen, dann empfiehlt sich tatsächlich der Wechsel in die private Krankenkasse – unter Umständen auch dann, wenn Sie in der Familienplanung stecken oder sogar schon Kinder haben. Arbeitnehmern wird jeweils die Hälfte der Kosten abgenommen, während Selbständige den gesamten Betrag aus eigener Kraft aufbringen müssen. Läuft das Unternehmen zunächst nicht so rentabel wie erwartet, können Sie bei der gesetzlichen Krankenkasse nachfragen, ob eine Ermäßigung der Beiträge möglich ist. Die Grundlage verringert sich dann auf 1.277,50 Euro – was für ein Startup natürlich immer noch viel Geld ist. Erhalten Sie Fördergelder aus der KfW oder anderen Institutionen, entfällt die Option der Beitragssenkung generell.

Welche weiteren Versicherungen machen Sinn?

Gerade im privaten Bereich ist der richtige Versicherungsschutz unglaublich wichtig. Sie müssen alle Eventualitäten mit einplanen – auch, wenn diese im Moment sehr unwahrscheinlich erscheinen. Manchmal meint es das Schicksal eben nicht allzu gut mit einem, und genau dann haben Sie mit Versicherungen zumindest eine Chance, Ihr Leben in die richtigen Bahnen zu lenken. Unter gewissen Voraussetzungen können Sie sich beispielsweise weiter gegen Arbeitslosigkeit versichern. Dies funktioniert jedoch nur bei Selbständigen, die mindestens ein Jahr lang versicherungspflichtig angestellt waren – und zwar im Zeitraum der letzten zwei Jahre vor der Existenzgründung. Die 12 Monate müssen glücklicherweise nicht an einem Stück nachgewiesen werden. Kommen Sie insgesamt auf weniger versicherungspflichtige Monate, entfällt die Option leider. Eine weitere Möglichkeit ist, dass sie sich aus der Arbeitslosigkeit selbständig machen. Auch in diesem Fall bietet Ihnen der Staat die Gelegenheit, die freiwillige Versicherung abzuschließen.

Damit Ihnen die Versicherung zugestanden wird, müssen entsprechende Anträge eingereicht werden. Der Ansprechpartner in diesem Fall ist die Agentur für Arbeit, die für Ihren Wohnort zuständig ist. Sobald Sie sich selbständig gemacht haben, bleiben maximal drei Monate Zeit für die Antragstellung. Zusätzlich zum vollständig ausgefüllten Formular reichen Sie die Kopie des Gewerbescheins ein. Bei Freiberuflern reicht in der Regel eine Bestätigung vom Steuerberater aus, um die begonnene Selbständigkeit nachweisen zu können. Freiwillig versichern können sich ausschließlich Existenzgründer, die das Unternehmen hauptberuflich führen – also mehr als 15 Stunden pro Woche für die Tätigkeit aufbringen. Je nach Wohnbereich (Ost oder West) liegt der Mindestbeitrag für diese Versicherung bei 70 bis 82 Euro. Gründer werden dadurch entlastet, dass lediglich die Hälfte der Bemessungsgrundlage zu entrichten ist. Wofür aber ist diese Absicherung? Nehmen wir an, Ihre Selbständigkeit scheitert bereits in den ersten Jahren. Dann steht Ihnen Arbeitslosengeld I zu und Sie haben außerdem die Möglichkeit, ein wenig Geld zusätzlich zu verdienen.

Ein weiterer wichtiger Punkt, über den sich jeder Selbständige Gedanken machen sollte, ist die Berufsunfähigkeitsversicherung. Sind entsprechende Beiträge eingezahlt worden, steht Ihnen bei Krankheit eine so genannte Erwerbsminderungsrente zu – und zwar dann, wenn es nicht mehr möglich ist, den Beruf auszuüben. Berufsunfähig und erwerbsunfähig ist übrigens nicht dasselbe. Sofern Sie gänzlich erwerbsunfähig sind, wurde Ihnen bescheinigt, dass Sie generell keine Tätigkeiten mehr ausüben dürfen. Außerdem wird zwischen verschiedenen Arten der Berufsunfähigkeitsversicherung unterschieden. Die erste können Sie privat abschließen – ebenso wie Renten- und Lebensversicherungen. Im Idealfall haben Sie einen Experten an Ihrer Seite, der Sie explizit über Laufzeiten und Beiträge informiert. Unabhängige Versicherungsmakler können eine Option sein, aber auch Unternehmensberater sind in der Regel kompetent genug, Ihnen die notwendigen Informationen zukommen zu lassen. Am besten ist es, dass Sie eine Laufzeit wählen, die mit Ihrem geplanten Renteneintritt übereinstimmt. Möchten Sie sich also – was in der Selbständigkeit glücklicherweise frei wählbar ist – mit 65 Jahren zur Ruhe setzen, sollte spätestens dann die Berufsunfähigkeitsversicherung auslaufen. Ein weiterer Faktor ist der Grad der Unfähigkeit, Ihrem Beruf nachgehen zu können. Sobald Sie beispielsweise zu 25% berufsunfähig sind, würde Ihnen je nach Vertragsinhalt eine Teilrente zustehen. Da es sich um eine rentenähnliche Zahlung handelt, spielt die gewünschte Höhe eine Rolle für die Beiträge, die im Rahmen der vereinbarten Laufzeit gezahlt werden müssen.

In diesem Zusammenhang ist immer wieder von der Erwerbsminderungsrente die Rede. Diese steht Ihnen nach Abschluss des Vertrags zu, sofern es Ihnen nicht mehr möglich ist, uneingeschränkt Ihrem Beruf nachzugehen. Sind Sie sogar gänzlich erwerbsunfähig, wird der komplette Rentenbetrag an Sie ausgezahlt. Die volle Rente steht Ihnen also zu, sollten Sie maximal drei Stunden pro Tag arbeiten können. Die Hälfte wird gezahlt, wenn zumindest sechs Stunden Arbeit geleistet werden können.

Häufig geht der Berufsunfähigkeit ein Unfall voraus – oder aber eine Krankheit. In ersterem Fall sollten Sie vorbereitet sein und die entsprechende Unfallversicherung in Erwägung ziehen. Gesetzlich sind Sie dazu verpflichtet, sobald Sie sich bei der Berufsgenossenschaft anmelden; was Gewerbetreibende ohnehin tun müssen. Auch Freiberufler unterliegen der Meldepflicht, denn die Genossenschaft trägt sozusagen die Unfallversicherung für alle selbständig tätigen Berufsgruppen sowie für Betriebe. Sofern Sie allein arbeiten und kein Personal anstellen, kann es sein, dass Sie aus dieser Pflicht herausfallen und die Berufsgenossenschaft möglicherweise doch nicht für Sie zuständig ist. Im Regelfall genügt ein klärendes Gespräch am Telefon, um alle Fragen beantwortet zu kriegen, die mit diesem Thema in Verbindung stehen. Sollten Sie der Pflicht nicht unterliegen, haben Sie immer die Möglichkeit, sich freiwillig anzumelden und sich damit vor Arbeitsunfällen abzusichern. Dasselbe gilt übrigens auch für Erkrankungen als Folge des ausgeübten Berufsbildes. Alternativ bietet sich auch hier eine freiwillige Versicherung an; und zwar bei einem privaten Anbieter. Welcher wirklich gut ist, das gilt es herauszufinden. Sie müssen für sich selbst entscheiden, wie hoch die Summe ausfallen muss, um Ihre Kosten in den ersten Monaten zu decken. Schließlich hängt nicht nur Ihre persönliche Existenz daran, sondern auch der eröffnete Betrieb.

Können Risiken wie Maschinenschäden auftreten? Gibt es die Wahrscheinlichkeit, dass Ihnen plötzlich Kunden wegbrechen oder Sie den Betrieb aus welchen Gründen auch immer schließen müssen? Um Geld einsparen zu können, bereiten Sie sich auf das Gespräch mit einem Versicherungsunternehmen oder einem Unternehmensberater vor, indem Sie eine Checkliste anlegen. Berufs- und Betriebshaftpflichtversicherungen sollten Gewerbetreibende grundsätzlich abschließen. Aber auch für den Fall einer möglichen Betriebsunterbrechung gibt es die entsprechende Versicherung, die Lohnkostenfortzahlungen übernimmt und weitere finanzielle Aspekte abdeckt. Außerdem sollten Sie alle Maschinen gegen Ausfall versichern, sowie einen umfassenden Diebstahl- und Einbruchschutz abschließen.

Dass Sie alle Mitarbeiter versichern müssen, versteht sich von selbst. Das Personal hat ein gesetzliches Recht auf Unfall-, Renten- und Krankenversicherungen. Von den beiden letzten tragen Sie als Geschäftsführer jeweils die Hälfte der Kosten, während die Unfallversicherung gänzlich auf Ihr Konto geht. Im Endeffekt können Sie eine Vielzahl weiterer Versicherungen hinzunehmen, ohne sich dabei über zu versichern. Sparen werden Sie durch vorbeugende Maßnahmen, wie zum Beispiel Feuermelder, Sprinkler, Alarmsysteme und dergleichen. Die jeweilige Versicherung berücksichtigt solche Maßnahmen in der Berechnung der Versicherungsbeiträge. Hinzu kommt ein optionaler Eigenanteil, der sich individuell festlegen lässt. Übernehmen Sie beispielsweise die Haftung für 1.500 Euro der durch einen Schaden entstandenen Kosten, so wird der Beitrag entsprechend günstiger. Sie müssen dann jedoch sicherstellen, dass der Eigenanteil sofort gezahlt werden kann. Schaffen Sie Rücklagen für solche Fälle, um am Ende keine böse Überraschung zu erleben – vor allen Dingen, wenn mehrere Schäden aufeinanderprallen.

Ein wichtiges Thema in diesem Zusammenhang ist die Altersvorsorge. Gerade als Unternehmen bieten sich Ihnen verschiedenste Optionen, und es gilt, die passende für Ihre Bedürfnisse herauszufinden. Haben Sie bereits in eine gesetzliche Versicherung eingezahlt, steht Ihnen das Geld zum Eintritt ins Rentenalter weiterhin zu. Es sollte sich jedoch inzwischen herumgesprochen haben, wie weit man heutzutage mit der gesetzlichen Rentenversicherung kommt. Sofern Sie Freiberufler sind, können Sie – gegebenenfalls über die KSK – in diese Kasse einzahlen. Das Problem ist, dass Sie in den meisten Fällen nicht allzu weit mit dieser Absicherung kommen werden. Selbständige müssen an viele weitere Aspekte denken und sich deshalb fragen, ob eine private Rentenversicherung nicht die sinnvollere Option ist.

Unabhängig von der eigentlichen Rente können Sie weitere Vorsorge-Maßnahmen treffen. Sparverträge, auszahlbare Lebensversicherungen und der Besitz von Immobilien sind immer noch die beste Option, wobei auch die private Rentenversicherung ihren Beitrag dazu leistet, dass es Ihnen im Alter an nichts fehlt. Diverse Berufsgruppen können zwar eine zusätzliche private Absicherung in Anspruch nehmen, müssen aber dennoch weiter in die gesetzliche Kasse einzahlen. Die ideale Option für alle anderen Berufe bildet die Rürup-Rente, die im Gegensatz zu Riester nicht nur Angestellten vorbehalten ist. Haben Sie eine Entscheidung getroffen, gilt es, die Rente schon jetzt vor einer möglichen Pfändung zu schützen. Dies gilt für Zahlungen, die frühestens ab dem 60. Lebensjahr erfolgen, und bei denen Sie keinen Zugriff auf bereits ersparte Beträge haben.

Kapitel 6 – Unternehmensformen

Als Existenzgründer mussten Sie sich bereits etliche Fragen stellen. Eine elementare ist die nach der passenden Unternehmensform. Damit eine sinnvolle Entscheidung zwischen Optionen wie der GbR, einem Einzelunternehmen sowie diversen weiteren Rechtsformen überhaupt möglich ist, sollte schon jetzt klar sein, was genau Sie planen. Jemand, der sich lediglich nebenberuflich selbständig macht, steht vor ganz anderen Herausforderungen als jeder hauptberuflich Selbständige. Außerdem kommt die Rechtsform immer auch ein wenig darauf an, ob Sie einen Geschäftspartner mit ins Boot holen, Mitarbeiter anstellen oder gar ein ganzes "Imperium" auf die Beine stellen möchten. Es gibt neben den gängigen auch gemeinnützliche Rechtsformen. Welche Berufsgruppen darunter fallen, werden Sie im Gespräch mit Ihrem Unternehmensberater erörtern können. Die Wahl der richtigen Unternehmensform bringt diverse Vorteile mit sich – vorausgesetzt, Ihre Ziele stimmen mit der Entscheidung überein.

Die beliebtesten Unternehmensformen in Deutschland sind neben dem Einzelunternehmen die GmbH, GbR, GmbH & Co. KG sowie die UG, OHG und AG. Letztere drei kommen hierzulande erstaunlich selten vor.

Sicherlich hat dies einen guten Grund, denn mit der Wahl treffen Sie auch rechtliche Entscheidungen, die Ihnen Vor- und Nachteile einbringen werden. Die meisten Gründer beginnen ihre Selbständigkeit komplett allein, stellen zunächst aus finanziellen Gründen keine Mitarbeiter ein und verlassen sich ebenso wenig auf gleichberechtigte Partner. Darüber hinaus wird zwischen Kapital- und Personengesellschaften entschieden. Selbst als Laie wird Ihnen mithilfe eines fachlich versierten Beraters schnell klar sein, worin die Unterschiede zwischen diesen Formen bestehen. Kapitalgesellschaften entscheiden sich heute am häufigsten für die Rechtsform der GmbH, während die GbR insbesondere unter den Personengesellschaften oft gewählt wird.

Freiberufler fallen komplett aus den vorgenannten und weiteren Unternehmensformen heraus. Es sind weit über eine Million Menschen in freien Berufen tätig, die generell keiner Rechtsform unterliegen. Wie eingangs bereits erläutert, müssen sich alle weiteren Berufsgruppen mit der Frage auseinandersetzen, ob das Gewerbe haupt- oder aber nebenberuflich betrieben werden soll. KfW, die Förderbank für Gründer, hat schon vor einigen Jahren festgestellt, dass sich weit mehr als die Hälfte aller Unternehmen gegen einen vollberuflichen Einstieg entscheiden. Der Nebenerwerb macht in vielen Fällen Sinn, denn so gegen Gründer nicht gleich das volle Risiko ein und können sich auf das Einkommen verlassen, das Sie im Angestelltenverhältnis sicher haben.

Wenn Sie sich mit einem Unternehmensberater zusammensetzen und darüber nachdenken, welche Rechtsform die richtige für Ihren Betrieb ist, dann werden die unterschiedlichsten Aspekte zusammengetragen. Dazu gehören Fragen, wie zum Beispiel:

- Welches Kapital ist zu Beginn vorhanden?

- Inwieweit möchten Sie als Gründer die Haftung übernehmen?

- Stehen Ihnen Hilfen zu?

- Welche Optionen haben Sie hinsichtlich des Firmennamens?

- Welche Form der Buchführung wird Ihnen durch die gewählte Rechtsform abverlangt?

Allein die steuerrechtliche Frage sollte von vornherein klar sein. Je genaue Sie sich informieren, desto sicherer ist auch die Entscheidung für oder gegen eine Unternehmensform. Letztlich bedeutet die Gründung eines Unternehmens immer auch, die rechtliche Seite zu betrachten und sich genau zu überlegen, was Sie wollen – und welches Risiko Sie in diesem Bereich selbst tragen wollen. Viele Unternehmensformen verlangen Ihnen ein gewisses Kapital ab. Ist dieses nicht sofort verfügbar, entfällt die Option ohnehin. Im Großen und Ganzen lassen sich die verschiedenen Rechtsformen auf fünf Kategorien aufteilen.

1. Sie gründen das Unternehmen allein
2. Sie beginnen im Team, haften persönlich und besitzen kein Startkapital
3. Sie sind Teamgründer mit Kapital, wollen aber nicht persönlich haften
4. Sie sind Teamgrüner ohne hohes Kapital und mit eigener Haftung
5. Sie gründen ein Kleingewerbe oder sind Freiberufler

Im Großen und Ganzen sind nun alle Rechtsformen klar. Worin sich diese letztlich unterscheiden, werden wir weiter unten erörtern. Rechtsform und Unternehmensform sind jedoch zwei verschiedene paar Schuhe, denn bei letzterem Thema geht es vor allen Dingen darum, ob Sie ein Gewerbe betreiben, freiberuflich tätig sind oder der Berufsgruppe der Handwerker angehören.

Je nach gewählter Form müssen Sie nicht nur ein Konzept vorweisen, sondern auch entsprechende

Qualifikationen. Hinzu kommen unzählige Anträge bei Behörden und Kammern. Erst wenn Ihnen alle Genehmigungen erteilt wurden, können Sie Ihren Betrieb eröffnen. Einen Gewerbeschein brauchen Sie immer dann, wenn Sie keinen freien Beruf ausüben möchten. Das Gewerbeamt erteilt Ihnen die Bescheinigung für den Betrieb, sofern alle üblichen Voraussetzungen erfüllt sind. Hinzu kommt – je nach genauer Berufsgruppe – eine Registrierung bei der IHK. Ausnahmen bilden hier lediglich die handwerklichen Berufe, die in der Handwerkskammer angemeldet werden müssen. Sofern es sich nicht um wenige besondere Branchen handelt, können Sie Ihr Gewerbe ganz ohne großen bürokratischen Aufwand beginnen. Genehmigungen sind weit seltener notwendig als befürchtet. Handwerker haben es ebenfalls leicht, Ihre Firma zu gründen. Es sind jedoch einige Aspekte zu berücksichtigen, denn oftmals verlangt die Handwerkskammer den Nachweis einer Meisterprüfung, um die Erlaubnis für den Betrieb zu erteilen. Freie Berufe verlangen Ihnen keinen Gewerbeschein ab, aber auch hier kann es vorkommen, dass Sie Qualifikationen nachweisen müssen – insbesondere im medizinischen Bereich.

Diverse Unternehmensformen erfordern nicht nur Ausdauer und Durchhaltevermögen, sondern auch Sachkundeprüfungen. Diese können Sie in der Regel bei der IHK selbst ablegen; zum Beispiel über den aktuellen Arbeitgeber, aber auch in Eigenregie. Mal eben einen Betrieb eröffnen, ist also im Land der Bürokratie gar nicht ohne weiteres möglich. Sind Sie bereits mit Ihrer

Existenzgründung beschäftigt, dann rechnen Sie sicherheitshalber drei bis sechs Monate ein, in denen Sie zahlreiche Amtsgänge erledigen müssen. Unternehmensberater werden Sie dabei unterstützen, damit Sie auch wirklich nichts vergessen. Je nachdem, welche Form Sie betreiben wollen, fallen verschiedene Ämter in Ihren "Bereich" – darunter die Arbeitsagentur, Handelskammern, das Finanzamt und so weiter. Sich einen Gewerbeschein zu besorgen, ist dabei noch der geringste Aufwand, reicht aber definitiv nicht aus.

Ob und wann weitere Schritte notwendig sind, hängt von einer Entscheidung ab: Möchten Sie Ihren Betrieb allein oder im Team aufnehmen? Die meisten Gründer starten tatsächlich allein, so dass es nicht allzu häufig die Unternehmensform der Teamgründung gibt – sogar seltener als in 20 von 100 Fällen. Dennoch muss Ihnen klar sein, dass zwischen beiden Optionen große Unterschiede bei der Rechtsform bestehen. Vor allen Dingen sollten Sie sich während der Vertragsverhandlungen vor möglichem Ärger schützen und die so genannten Gesellschaftsverträge bis ins letzte Detail durchplanen. Kommt es zu Unstimmigkeiten, sind dadurch alle Parteien auf der sicheren Seite. Wird ein Unternehmen im Team gegründet, muss außerdem ganz klar geregelt werden, wer als Geschäftsführer auftritt. Da dieser im Regelfall die größte Verantwortung trägt, müssen auch hier alle Vertragsdetails genau im Auge behalten werden.

Wahrscheinlich liegt es gerade an den Risiken, dass so wenige Unternehmen im Team eröffnet werden. Alleine sind Sie auf der sicheren Seite und selbst verantwortlich für sämtliche Entscheidungen, die getroffen werden wollen. Sollten Sie sich dennoch für eine GbR und damit verbundene Mitglieder entscheiden, dann helfen Ihnen im Netz zu findende Musterverträge dabei, die wichtigsten Faktoren einfließen zu lassen. Passen Sie jedoch auf, dass alle Klauseln mit Ihren Bedürfnissen übereinstimmen. Hilfe bei der Erstellung risikoarmer Verträge leisten beispielsweise Unternehmensberater – in Abstimmung mit Notaren, die die rechtliche Seite im Blick behalten.

Möglicherweise kommt für Sie auch eine gemeinnützige Selbständigkeit in Frage. Darunter fallen verschiedene Initiativen und Vereine, wie man sie in jeder Stadt findet. Besonders beliebt: Social Entrepreneurship. Eine solche Existenzgründung ehrt diejenigen, die dahinterstehen. Schlussendlich steht der eigene Gewinn im Hintergrund. Vielmehr geht es darum, der Allgemeinheit etwas Gutes zu tun. Oftmals erhalten Sie für die Gründung eines gemeinnützigen Vereins verschiede Unterstützungen – darunter Fördergelder, aber auch Spenden.

Welche Rechtsformen gibt es?

Nach wie vor am weitesten verbreitet ist das Einzelunternehmen. Wie bereits erwähnt, hat die KfW genauer nachgezählt und festgestellt, dass sich rund 60% aller Gründe allein in ihre neue Existenz wagen. Meist findet man Einzelunternehmer im kaufmännischen Bereich. Sie würden in diesem Fall eigenständig ein Gewerbe anmelden und alle Geschäfte ohne Unterstützung abwickeln. Letztlich tragen Sie dann natürlich auch die größte Verantwortung. Da Sie kein Gehalt beziehen, gelten Sie nicht als juristische Person. Wie gut Sie dastehen, hängt im Einzelunternehmen vor allen Dingen von den Umsätzen und Gewinnen ab. Anders als bei den übrigen Rechtsformen wird Ihnen als Einzelkaufmann nicht viel abverlangt. Kapital und Umsätze sind die Bereiche, für die Sie die alleinige Verantwortung tragen. Der Staat gibt Ihnen auch nicht vor, wie viel Geld zur Gründung der Rechtsform vorhanden sein muss. Zumindest in der Theorie können Sie loslegen, ohne auch nur einen Cent Kapital zu besitzen. Dies ist erfahrungsgemäß kaum in die Praxis umsetzbar, da jede Gründung mit Investitionen einhergeht, deren Umfang natürlich schwanken kann.

Wenn es um die Haftung geht, dann werden Sie allein belangt. Sie haften nicht nur mit dem Betriebsvermögen, sondern Gläubiger erhalten automatisch auch Zugriff auf den privaten Besitz. Das Risiko sollten Sie unbedingt kennen, um sich für oder gegen die Gründung als Einzelunternehmer entscheiden zu können. Gewinne, die

Sie im Rahmen Ihrer Selbständigkeit erwirtschaften, gehören selbstverständlich niemandem außer Ihnen selbst. Aber auch das Verlustrisiko müssen Sie im Gegenzug allein tragen. Wie viel Geld Sie für private Zwecke abzweigen, das bleibt letztlich Ihnen selbst überlassen – sofern die betrieblichen Kosten, Versorgungen und dergleichen gedeckt sind. Man könnte auch sagen, dass sich Einzelunternehmer ihren "Lohn" eigenständig auszahlen. Die genaue Summe muss in der Buchhaltung angegeben und rechtmäßig abgeführt werden. Am Ende jedes Geschäftsjahres werden Einkommen- und Gewerbesteuern fällig. Im besten Fall betrauen Sie einen Steuerberater mit der Abgabe aller Erklärungen beim Finanzamt.

Personengesellschaften

OHG – Offene Handelsgesellschaft

Offene Handelsgesellschaften, auch OHG genannt, eignen sich für Einzelunternehmer im kaufmännischen Bereich. Sind Sie dagegen in anderen Branchen tätig oder Freiberufler, kommt diese Rechtsform für Sie nicht in Frage. Auch wenn sich mehrere Personen zusammenschließen und einen kaufmännischen Betrieb leiten, ist die OHG durchaus eine Option. Jedoch muss klar sein, dass alle beteiligten Gesellschafter dieselben

Rechte und Pflichten übernehmen. Grundsätzlich bietet sich die Option an, wenn Sie mit Partnern aus anderen Kompetenzbereichen zusammenarbeiten möchten. Sind Sie beispielsweise der geborene Verkäufer, haben aber mit Entwicklungen nichts am Hut, kann es durchaus Sinn machen, sich einen Gesellschafter mit entsprechendem Know-how hinzu zu holen. Ein weiterer Pluspunkt ist die Tatsache, dass Sie nicht mehr allein für Risiken haften. Diese werden zu gleichen Teilen auf alle Partner aufgeteilt. Schlussendlich lassen sich durch den Zusammenschluss einer OHG vor allen Dingen höhere Investitionen tätigen, da im Regelfall ein größeres Kapital verfügbar ist als bei Einzelunternehmern. Die Gleichberechtigung kommt Ihnen sowohl in schweren Zeiten zugute als auch beim Vorantreiben des Konzepts – vor allen Dingen, wenn jeder der Partner eine Kernkompetenz mitbringt, die dem Unternehmen dient. Wichtig ist das Vertrauen zwischen allen Beteiligten; sowie eine gute Absprache, sollte einer der Partner Urlaub nehmen oder eine Auszeit benötigen. Der Betrieb muss in solchen Fällen nicht geschlossen werden, da im besten Fall nicht alle Gesellschafter zeitgleich Urlaub nehmen.

KG – die Kommanditgesellschaft

Die KG ist eine weitere Rechtsform mit Personenbeteiligung. In dieser Variante behalten Sie als Gründer das Ruder in der Hand, lassen sich aber dennoch unterstützen; und zwar durch Kapitalgeber, die selbst kein Interesse daran haben, den Werdegang des Unternehmens aktiv zu beeinflussen. Man kann auch von einer Art stillen Teilhaberschaft sprechen, wobei es zwischen dieser und der KG tatsächlich noch ein paar Unterschiede gibt. In gewissen Punkten ähnelt die Rechtsform der OHG. Deshalb ist auch diese Option nur für kaufmännische Berufe und Personen geeignet, die das Unternehmen gemeinsam betreiben. Die Gesellschafter können entweder mit voller oder beschränkter Haftung in die Selbständigkeit eintreten. Ihr Ziel sollte es bei dieser Rechtsform sein, möglichst viele Geldgeber zu finden, die im Gegenzug nur beschränkt haften. Sie selbst werden als Gründer natürlich einen Hauptteil der Verantwortung tragen – gegebenenfalls mit Gesellschaftern, die rechtlich genauso behandelt werden wie Sie selbst.

Nehmen wir an, Sie besitzen lediglich 20.000 Euro Eigenkapital und möchten dennoch eine KG gründen. Nun finden Sie zwei Gesellschafter, die dazu bereit sind, jeweils 200.000 Euro in das Unternehmen zu investieren. Sie selbst fungieren als Geschäftsführer und halten den Betrieb am Laufen. Ihre "Partner" treffen keine großen Entscheidungen und üben ihren bisherigen Beruf aus, ohne Einfluss auf das Geschäft zu nehmen. Lediglich in bestimmten Situationen brauchen Sie die Unterstützung der beiden Gesellschafter. Was die Gewinne angeht, so benötigen Sie ein gesondertes Kapitalkonto. Der erreichte Profit muss nun aufgeteilt werden. Vertragliche Vereinbarungen helfen bereits im Vorfeld dabei, Streitigkeiten zu vermeiden.

GmbH & Co. KG

Wie der Begriff schon verlauten lässt, handelt es sich auch bei dieser Rechtsform um eine Kommanditgesellschaft – allerdings mit diversen Unterschieden zur klassischen KG. Die persönliche Haftung wird für die Komplementäre deutlich beschränkt. Diese haften letztlich nur noch mit einem Teil des Gesellschaftsvermögens, während der private Besitz im Fall einer Pfändung unberührt bleibt. Sie haben die Möglichkeit, die GmbH selbst zu gründen und alleine zu führen. Jedoch muss in diesem Fall ein gewisses Eigenkapital vorhanden sein; und zwar das, mit dem im schlimmsten Fall die Haftung gedeckt werden kann. Die Bedingungen für eine Gründung sind deutlich strenger als bei anderen Rechtsformen. Es besteht darüber hinaus die Möglichkeit, weitere Gesellschafter mit in den Betrieb aufzunehmen.

GbR – Gesellschaft bürgerlichen Rechts

Anders als die bisher genannten Rechtsformen bezieht sich die GbR nicht ausschließlich auf Gewerbetreibende. Auch Privatpersonen können im rechtlichen Sinne zu einer GbR zusammengeschlossen werden – beispielsweise, wenn sie gemeinsam Lotto spielen, Musik machen oder andere Unternehmungen starten, deren Gewinn gleichberechtigt aufgeteilt werden muss. Wenn die Rechtsform in Ihrem Betrieb eine Option darstellt, dann wird mindestens ein zweiter Gesellschafter benötigt, mit welchem Sie gemeinsam am Erfolg Ihrer Firma arbeiten. Beide Partner tragen dieselben Pflichten und unterliegen der Verantwortung, dem Zwecke des Unternehmens zu dienen. Damit es nicht zu Komplikationen kommt, empfiehlt sich ein klar definierter Vertrag. Die GbR beschränkt sich nicht auf den kaufmännischen Bereich. Auch Mediziner und weitere Berufsgruppen tun oftmals gut daran, eine GbR zu gründen; vor allen Dingen, um das Risiko nicht allein tragen zu müssen, das mit der Selbständigkeit einhergeht. Sofern Ihr Konzept für eine GbR geeignet ist, genießen Sie weitere Vorteile. Die Gewinnermittlung verlangt Ihnen keine Buchführung ab, sondern es genügt im Regelfall die simple Einnahmenüberschussrechnung, wie sie auch von Freiberuflern gefordert wird.

Kapitalgesellschaften

Eine der am häufigsten zu findenden Kapitalgesellschaften in Deutschland ist die AG. Sie können mit dieser Rechtsform an die Börse gehen und Ihr Unternehmen dotieren lassen – ein großer Vorteil für gute laufende Firmen. Neben der AG gibt es lediglich die so genannte KGaA, die emissionsfähig ist. Damit Sie überhaupt eine AG eröffnen können, benötigen Sie wenigstens 50.000 Euro Eigenkapital. Ein Pluspunkt neben der Aktienfähigkeit ist, dass Sie als juristische Person handeln und gegebenenfalls auch klagen dürfen. Die AG wird in der Regel mit mehreren Aktionären gegründet. Sie haben mit dem Geschäft an sich bedingt etwas zu tun, treffen sich dafür jedoch einmal pro Jahr zu einer Versammlung, um über den aktuellen Stand der Dinge informiert zu werden und weitere Schritte zu besprechen. Für die Rechtsform gilt im Übrigen eine Haftungsbeschränkung. Das betriebliche Vermögen fließt in die Masse mit ein, während Ihr privater Besitz geschützt ist. Was viele nicht wissen: Nur einige AGs sind tatsächlich an der Börse notiert. Erst ab einem bestimmten Grundkapital lohnt es sich, diesen Schritt zu gehen. Außerdem müssen diverse weitere Bedingungen erfüllt werden.

GmbH – Gesellschaft mit beschränkter Haftung

Unter den Kapitalgesellschaften ist die GmbH die am weitesten verbreitete. Um diese Rechtsform wählen zu dürfen, muss das Grundkapital bei wenigstens 25.000 Euro liegen. Sie selbst gelten als Inhaber der GmbH als juristische Person und nehmen alle Rechte sowie Pflichten eigenständig wahr. Sofern es zu einer Pleite kommt, müssen Sie zu keinem Zeitpunkt mit dem Privatvermögen dafür haften. Neben Ihnen gibt es Gesellschafter, die einen Teil der betrieblichen Verantwortung tragen. Gegebenenfalls können Sie diese austauschen, sollte es notwendig sein. Bei der Personengesellschaft ist genau das wesentlich schwieriger.

Wen frage ich zum Thema Unternehmensformen?

Unternehmensberater sind generell die besten Ansprechpartner, wenn es um die Wahl der richtigen Rechtsform gibt. Innerhalb der Gespräche werden Sie detailliert aufgezeigt bekommen, wo die Vorteile der einzelnen Alternativen liegen – mit direktem Bezug auf das Unternehmen, das Sie gründen möchten. Dazu muss erst einmal klar sein, ob eine Personen- oder Kapitalgesellschaft in der gewählten Branche überhaupt in Frage kommt. Weitere Aspekte wie das benötigte Grundkapital fließen ebenfalls in die Überlegungen mit ein. Ein erfahrener Unternehmensberater wird Ihnen nicht nur Erklärungen liefern und Fragen beantworten, sondern Sie auch bei allen erforderlichen Anträgen und Amtsgängen unterstützen. Sofern Sie ohnehin nur ein Einzelunternehmen gründen, können Sie in der Regel auf sämtliche Rechtsformen verzichten. Bedenken Sie jedoch, dass auch diese Wahl ein paar Risiken birgt, die nicht unterschätzt werden dürfen.

Auch Steuerberater können effektive Ansprechpartner sein, wenn es um die Frage der Unternehmens- bzw. Rechtsform geht. Sie sollten die Frage möglichst früh ansprechen, um sich keine Vorteile entgehen zu lassen und insbesondere rechtzeitig die notwendigen Anträge stellen zu können. Je nach Rechtsform sind verschiedene Stellen für Sie zuständig, mit denen Sie sich in der Regel nicht lange auseinandersetzen müssen. Eine gute Vorbereitung ist aber auch in diesem Bereich sinnvoll, denn wenn Sie alle Unterlagen, Genehmigungen und Nachweise vorlegen können, dauert die Bearbeitung meist nicht besonders lange. Am besten ist es, einen kompetenten Partner an Ihrer Seite zu haben, der Sie bei allen Wegen begleitet und Ihnen die Sicherheit gibt, nichts zu vergessen. Gerade für Gründer stellt die Frage der Rechtsform oft eine Herausforderung dar, zumal sich Vor- und Nachteile zunächst gegeneinander abwägen lassen wollen. Erst wenn Sie sich ganz sicher sind, nehmen Sie den ersten Weg in Angriff und teilen Sie der zuständigen Behörde Ihre Ziele mit.

Da nicht jede Rechtsform automatisch für alle Unternehmen geeignet ist, fällt die Auswahl am Ende doch wesentlich kleiner aus als man meinen würde. Dies erleichtert die Entscheidung enorm. Unabhängig davon können Sie in vielen Fällen ganz ohne AG, GmbH und dergleichen in die Selbständigkeit starten, und die Rechtsform nach einiger Zeit wählen. Sie müssen sich also nicht zwingend sofort entscheiden – vor allen Dingen dann nicht, wenn es am notwendigen Kapital fehlt. Änderungen in der Rechtsform unterliegen bestimmten Bedingungen, die es zu kennen gilt. Laufen die ersten Geschäftsjahre besonders gut, können Sie sich jederzeit an Ihren vertrauten Unternehmensberater wenden und gemeinsam mit ihm besprechen, welche Optionen die derzeitige Lage bietet.

Kapitel 7 – Einnahmen und Ausgaben im Blick

Das Thema Geld bereitet vielen Gründern und Selbständigen vor allen Dingen in den ersten Jahren Kopfzerbrechen. Meist fehlt es am notwendigen Wissen, denn wer sich nie mit dem Thema Einnahmen und Ausgaben beschäftigt hat, der verschenkt erfahrungsgemäß viel Geld – insbesondere an den Staat. Dieses Kapitel widmet sich vorrangig dem Thema Steuern und Steuerersparnisse. Sie können nämlich viel mehr Geld für sich behalten als Sie bisher dachten.

Abgesehen vom Finanzamt verlangen Ihnen auch andere Stellen gewisse Investitionen ab. Der Elektroladen wird Ihnen Computer, Drucker und weitere notwendigen Anschaffungen sicher nicht schenken. Gleichzeitig kommen Betriebsausgaben wie die Pacht, Strom, Telekommunikation und Co. hinzu, die Sie schnell an Ihre Grenzen bringen können. Umso wichtiger ist, dass Sie alle Kosten jederzeit im Blick haben. Eine ausführliche Buchführung ist deshalb elementar für Ihr Unternehmen. Zwar verlangt der Staat vielen Berufsgruppen lediglich die simple Einnahmenüberschussrechnung ab, doch trotz alledem kann es nie schaden, alle Kosten aufzulisten und sich gleichzeitig damit zu beschäftigen, wie viel Geld überhaupt in die Kasse kommt; abgesehen vom

Startkapital, das Sie meist in den ersten Monaten aufbrauchen werden.

Unser Tipp deshalb: Führen Sie Buch – und zwar richtig! Wer seine Finanzen im Blick hat, wird keine Überraschungen erleben. Und selbst, wenn Sie bei der Absetzung verschiedener Kosten nicht sicher sind, kann es nicht falsch sein, entsprechende Rechnungen abzuheften. Handelt es sich bei Ihrem Unternehmen um einen größeren Betrieb mit umfangreichem Geldverkehr, dann sollte die Buchhaltung im monatlichen Rhythmus erfolgen. Für jedes Geschäftsjahr werden Ordner angelegt und in Januar bis Dezember unterteilt. Geben Sie nun Geld für eine neue Maschine, einen Computer oder für so einfache Dinge wie Druckerpapier aus, heften Sie die Rechnung in der entsprechenden Abteilung ab und bewahren diese auf. Gleichzeitig werden alle Rechnungen, die Sie Kunden stellen, in dem Ordner abgelegt. Die Einnahmenüberschussrechnung können Sie nach Ablauf des jeweiligen Monats formlos aufstellen. Schreiben Sie auf, von welchen Kunden und Förderstellen Sie Geld erhalten haben. Dementgegen stehen die Ausgaben, die Sie hatten; zum Beispiel für neue Kugelschreiber, eine Bürolampe, Briefmarken und dergleichen. Seien Sie auf keinen Fall zimperlich bei der Aufzählung, und beachten Sie auch Ihre monatlichen Fixkosten an Energieversorger und Telekommunikationsunternehmen.

Während Arbeitnehmer verschiedene Dienstleistungen absetzen können, bieten sich für Selbständige – und speziell für Existenzgründer – unglaubliche Steuervorteile an. Leider wird Ihnen das Finanzamt selbst nicht gerade eine Hilfe dabei sein, diese geltend zu machen. Schließlich profitiert der Staat von der Unwissenheit seiner Bürger, die jedes Jahr Millionen Euro verschenken. Der einzig sinnvolle Ansprechpartner ist der Steuerberater. Ihn können Sie getrost vor der geplanten Gründung kontaktieren, da gerade in der Startphase diverse Leistungen von der Steuer abgesetzt werden können; also bereits bevor das Unternehmen überhaupt existiert.

Was kann ich von der Steuer absetzen?

Die Palette an absetzbaren Kosten ist lang. Wir möchten in diesem Kapitel auf die wichtigsten Einsparmöglichkeiten für Selbständige und Gründer eingehen.

1. Haushaltsnahe Dienstleistungen

Dass Sie die Putzfrau und den Handwerker in Ihrem Betrieb absetzen können, versteht sich eigentlich von selbst. Schließlich investieren Sie in das Unternehmen – und das zahlt sich am Ende des Jahres aus. Haushaltsnahe Dienstleistungen sowie Handwerkerrechnungen lassen sich aber auch dann absetzen, wenn Sie diese für Ihren privaten Wohnraum benötigen. In der Steuererklärung werden die beiden Bereiche voneinander getrennt. Achten Sie also darauf, die Angaben im korrekten Zusatzblatt einzutragen. Mit dieser Kostenersparnis reagiert der Staat auf die Schwarzarbeit, die ihn Jahr für Jahr um Milliarden bringt.

Telefon und Internet

In den Bereich der Betriebskosten fallen alle Gebühren, die Sie an Telekommunikationsunternehmen und Internetanbieter zahlen müssen. Sofern Sie ein betriebliches Büro führen, sind diese Kosten zu 100% absetzbar. Aber auch Freiberufler müssen nicht alle Gebühren selbst tragen. In der Regel erfordert die berufliche Nutzung keiner besonderen Nachweise; schon gar nicht, wenn Sie offiziell nur die eigene Wohnung als Arbeitsraum zur Verfügung haben. 20% der anfallenden Telefon- und Internetkosten können Sie beim Finanzamt geltend machen. Das Maximum wurde auf 20,- Euro pro Monat festgelegt. Sofern Sie darunter liegen, kann es effektiver sein, von der Pauschale Gebrauch zu machen. Sie liegt bei derzeit 15 Euro und wird nicht genauer hinterfragt

Umziehen auf Kosten des Staates

Nehmen wir an, Sie kriegen die einmalige Gelegenheit, sich als Gesellschafter selbständig zu machen. Der bereits bestehende Betrieb befindet sich jedoch in Berlin, während Sie bisher in Köln leben. Ein Umzug, der die Fahrtzeit um wenigstens eine Stunde mindert, ist laut Staat gerechtfertigt und ermöglicht Ihnen, die Kosten von der Steuer abzusetzen. Sind Sie verheiratet, liegt der Pauschalbetrag bei mehr als 1.200 Euro. Grundsätzlich werden Umzüge aber nur dann anerkannt, wenn Sie aus beruflichen Gründen erfolgen. Private Anlässe unterstützt der Staat nicht.

Kontogebühren

Ein betrieblich geführtes Konto kostet Geld. Die Kosten lassen sich geltend machen, so dass sich die tatsächlich zu versteuernde Summe am Jahresende noch einmal deutlich mindert.

Versicherungen

Über das Thema haben wir Sie bereits eingehend informiert. Faktisch kommt kein Unternehmen ohne eine ordentliche Absicherung aus. Viele der betrieblich abgeschlossenen Versicherungen sind entweder ganz oder zumindest anteilig absetzbar. Welche Sätze derzeit gelten, darüber weiß Ihr Steuerberater in aller Regel Bescheid.

Spenden – Großzügigkeit wird belohnt

Sie haben das ganze Jahr über fleißig an gemeinnützige Organisationen gespendet? Sofern Sie über die entsprechenden Quittungen und Einzahlungsbelege verfügen, können Sie Spenden als Sonderausgaben von der Steuer absetzen. Gerade wenn Sie als Unternehmer spendabel sind, wirkt sich dies nicht nur positiv auf Ihr Image aus – sie werden auch noch vom Staat belohnt. Dasselbe gilt übrigens auch für erworbene Sachspenden, wie zum Beispiel den Billardtisch, den sie dem Jugendzentrum zuteilwerden lassen.

Kinderfreibetrag ausschöpfen

Wer Familie hat, dem steht entweder das Kindergeld oder aber ein festgelegter Kinderfreibetrag zu. Das gilt auch, sollte sich das Kind für ein Auslandsstudium entscheiden. Damit Ihnen die steuerlichen Vorteile nicht entgehen, ist es ratsam, wenn sich Kinder nicht auswärtig anmelden, sondern bei Ihnen gemeldet bleiben.

Außergewöhnliche Belastungen

Die Beerdigung eines direkten Angehörigen (mitsamt aller Folgekosten), das Trennungsjahr, die Scheidung, Zahnersatz, Sehhilfen und viele weitere Kosten können Sie bei der Steuer als außergewöhnliche Belastung geltend machen. Der Vorteil hierbei ist, dass die Ausgaben im Endeffekt nichts mit Ihrem Betrieb zu tun haben. Auch privat möchte Sie der Staat durch diese Option entlasten. Allerdings wurde eine Zumutbarkeitsgrenze für die oben genannten Fälle eingerichtet, die je nach Art und Aufwand bei 1 bis 2% Ihres Umsatzes liegen kann.

Ein Beispiel: Sie haben Zahnersatz im Wert von 2.500 Euro erhalten. Ihr Jahreseinkommen nach Abzug der betrieblichen kosten liegt bei 20.000 Euro. Haben Sie Familie, liegt die Zumutbarkeitsgrenze bei 1%. 200 Euro müssen Sie von den Kosten aus eigener Kraft aufbringen, während die verbleibenden 2.300 Euro komplett absetzbar sind.

Geschäftsbeziehungen pflegen

Kunden und Geschäftspartner lieben es, kleine Aufmerksamkeiten zu bekommen. Alle Geschenke, die Sie Ihren Mitmenschen aus betrieblichen Gründen zukommen lassen, sind in der Regel absetzbar. Dies gilt unter anderem auch für Mitbringsel (Giveaways). Darunter fallen Kugelschreiber und andere Werbegeschenke. Diese haben natürlich gleich den positiven Nebeneffekt, dass sich Ihr Name herumspricht und Sie noch schneller Kunden gewinnen könnten. Möchten Sie Ihren Geschäftspartner zum Essen einladen, so ist auch dies von der Steuer absetzbar. Geschäftsbeziehungen werden inzwischen verbreitet im Internet gepflegt – bei Twitter und anderen sozialen Netzwerken. Die Gebühren, die für Selbständige anfallen, können Sie in der Rubrik der Betriebsausgaben vermerken und ebenfalls absetzen.

Existenzgründung zahlt sich aus

Bevor Ihr Betrieb überhaupt gestartet ist, können Sie gewisse Investitionen und Kosten geltend machen. Da die Liste recht lang ausfallen kann (je nach Konzept), sollten Sie sich unbedingt frühzeitig mit dem Thema Steuern auseinandersetzen und prüfen, an welchen Stellen Sie sparen können. Dasselbe gilt übrigens auch für die geschätzte Steuerschuld des Folgejahres. Planen Sie, in genau diesem Geschäftsjahr Geld ins Unternehmen zu investieren, dann kann die Vorauszahlung gegebenenfalls gesenkt werden. So verschaffen sich Unternehmer gerade in den ersten Jahren ein wenig Luft.

Zum Verständnis: Sie möchten bestens auf Ihre anstehende Existenzgründung vorbereitet sein, nehmen zu diesem Zwecke an Informationsveranstaltungen teil, lassen sich Bücher zukommen und von einem Unternehmensberater helfen. Möglicherweise besuchen Sie sogar Seminare, die in der Summe recht kostspielig sein können. All diese Kosten machen Sie beim Finanzamt geltend, und in der Regel werden sie komplett anerkannt. Bei der Fachliteratur muss jedoch nachgewiesen werden, dass es sich tatsächlich um solche handelt. Auch Fortbildungen akzeptiert der Staat nur dann, wenn Sie Ihren beruflichen Werdegang fördern.

Arbeitszimmer – was ist zu beachten?

Nicht nur Freiberuflern steht das Recht zu, ein Arbeitszimmer im eigenen Haus von der Steuer abzusetzen. Vielen Existenzgründern bleibt – gerade wenn Sie sich aus der Arbeitslosigkeit heraus selbständig machen – gar keine andere Wahl als von Zuhause aus durchzustarten. Schließlich sind Büromieten nicht gerade das, was man als günstig bezeichnen würde. Dass auch das Homeoffice Geld kostet, steht außer Frage. Sie brauchen einen ordentlichen Computer nebst Zubehör, müssen sich mit dem Internet verbinden können und auch das Telefon darf in einem Betrieb (egal wie klein dieser ist) nicht fehlen. In den meisten Fällen nimmt Ihnen das Finanzamt einen Teil der immensen Last ab. Zumindest werden Bereiche des Arbeitszimmers anerkannt, und auch die technischen Geräte können Sie steuerlich geltend machen.

Anerkannt wird das häusliche Arbeitszimmer nur unter bestimmten Umständen. Ob Sie dazu berechtigt sind, den Raum von der Steuer abzusetzen, das müssen Sie im Einzelfall erfragen. Noch bis vor einigen Jahren war es kaum möglich, das Homeoffice steuerlich geltend zu machen. Dieses musste nämlich einzig und allein der gewerblichen oder freiberuflichen Tätigkeit vorbehalten sein. Wer den Raum jedoch zeitweise auch privat genutzt hat, fiel automatisch aus den Vorgaben heraus und war gezwungen, die Kosten für Internet und Co. allein aufzubringen. Erst 2007 wurde das Gesetz durch das Bundesverfassungsgericht neu geregelt. Inzwischen werden bei der Steuerentlastung sämtliche Existenzgründer, Freiberufler und Gewerbetreibende berücksichtig, die neben dem Arbeitszimmer keinen weiteren Raum – wie zum Beispiel ein außerhalb befindliches Büro – verfügbar haben, in welchem Sie der beruflichen Tätigkeit nachgehen können.

Der Staat hat natürlich nichts zu verschenken. Deshalb werden bestimmte Kosten rund ums Homeoffice nur teilweise angerechnet. Absetzbar ist beispielsweise die Miete, aber auch Abschreibungen, Kredite, Instandhaltungsmaßnahmen, Energiekosten, Reinigungskosten durch Dritte, Steuern und Gebühren rund ums Haus sowie weitere Bereiche finden bei der Anrechnung Berücksichtigung. Wie hoch die Entlastung ausfällt, hängt von der Größe des Arbeitszimmers – und welchen Prozentsatz des gesamten Wohnraums dieses Zimmer ausmacht.

Nehmen wir an, Ihr Haus hat insgesamt 200 Quadratmeter Wohnfläche. Darin enthalten sind das Arbeitszimmer sowie alle wesentlichen Wohnräume. Der Arbeitsraum selbst ist 20 Quadratmeter groß und macht damit 10% der gesamten Fläche aus. Diese 10% werden bei allen Kosten berücksichtigt – angefangen bei der Miete, bis hin zu Grundstückssteuern, Schornsteinfeger- und anderen anfallenden Gebühren. Renovieren Sie den

Arbeitsraum zum Zwecke der betrieblichen Tätigkeit neu, können Sie alle Kosten, die dabei anfallen, zu 100% absetzen. Hierunter fallen Dekorationen, Wand- und Fußbodenbeläge, Gardinen und dergleichen. Nutzen Sie nicht ausschließlich diesen Raum für Ihren Beruf, so gilt es, die genaue Nutzungsdauer darzulegen. Wenn zumindest 50% der Zeit, die Sie im Homeoffice verbringen, gewerblicher Natur sind, steht Ihnen immerhin ein Teil der anfallenden Kosten zu. Leider ist es mit der Darstellung der Nutzung nicht so einfach wie man glauben würde. Ein Steuerberater kann helfen, Ihre Ansprüche beim Finanzamt geltend zu machen.

Arbeitsmittel, die Sie für Ihr Homeoffice anschaffen, können Sie generell komplett absetzen. Diverse Artikel, wie zum Beispiel der neue Computer, werden in Form von Abschreibungen auf bis zu drei Jahre gestaffelt. Druckerpapier und dergleichen sind sofort in einer Summe absetzbar. Besitzen Sie privat bereits einige Dinge, die Sie für die Existenzgründung oder laufende Selbständigkeit gut gebrauchen können, so bietet sich in einigen Fällen die Möglichkeit, diese Artikel ins Betriebsvermögen mit aufzunehmen. Somit ist die Annahme, private Dinge wären nicht absetzbar, nur bedingt wahr. Natürlich muss nachgewiesen werden, dass Sie Bürostühle und Co. tatsächlich betrieblich und nicht mehr privat nutzen. Anerkannt wird der Zeitwert. Verfügen Sie über entsprechende Quittungen, ist die Berechnung natürlich umso einfacher.

Sehen Sie keine andere Möglichkeit als Ihr Arbeitszimmer im Haus von Verwandten einzurichten, dann wird der Abzug ebenfalls durchgehen – und das in vollem Umfang. Befindet sich das Homeoffice im selben Haus, jedoch ohne direkten Zugang zu Ihrem Wohnbereich, erhalten Sie die Abzüge als außerhäusliches Arbeitszimmer komplett. Abzüge wird es in solchen Fällen nicht geben. In den vergangenen Jahren haben sich gleich mehrere Gerichte mit der Frage befasst, wann ein Arbeitszimmer abzugsfähig ist und welche Bedingungen eingehalten werden müssen.

Wann gilt ein Auto als Firmenwagen?

Viele Bereiche der täglichen Arbeit verlangen Ihnen Mobilität ab. Sie müssen beispielsweise Kundentermine im Außenbereich absolvieren, den Transport Ihrer Waren gewährleisten oder aus irgendwelchen anderen Gründen mit dem Auto fahren. Firmenwagen sind in vielen Unternehmen unerlässlich, und genau deshalb sollten Sie sich auch mit diesem Thema auskennen. Selbständige, insbesondere Existenzgründer, brauchen dafür logischerweise ein gewisses Kapital. Optional können Firmenfahrzeuge geleast oder finanziert werden – gerade, wenn das Budget knapp ist. Wir möchten in diesem Kapitel die Fragen klären, die sich automatisch ergeben. Was das Sinnvollste für Ihr Unternehmen ist, das liegt natürlich nicht allein am persönlichen Geschmack. Der Bedarf, aber auch die Wege der Anschaffung, sollten gut durchdacht sein. Firmen- oder auch Dienstwagen werden bei der Steuererklärung berücksichtigt. Inwieweit dies der Fall ist, hängt von einigen Aspekten ab.

Gesetz dem Fall, sie eröffnen einen Kurierdienst, stellt sich die Frage nach Firmenwagen gar nicht. Sowohl Sie selbst als auch alle Angestellten müssen die Möglichkeit bekommen, den Beruf auszuüben – was logischerweise nur mit den richtigen Fahrzeugen funktioniert. Aber auch in anderen Branchen sind Sie auf Mobilität angewiesen. Ob Sie Ihren Mitarbeitern ebenfalls etwas Gutes tun oder diese darum bitten, zunächst das eigene Auto zu nutzen, das bleibt Ihnen überlassen. Gerade wenn mehrere Autos zur selben Zeit angeschafft werden wollen, bedeutet dies einen enormen wirtschaftlichen Aufwand.
Existenzgründer können solche Kosten in der Regel nur durch Finanzierungen oder Leasing-Verträge bewältigen. Sicherlich gibt es Selbständige, die sich auf öffentliche Verkehrsmittel wie die Bahn, Busse und dergleichen verlasen. Auch ein Taxi wäre eine Option. Um Termine pünktlich wahrnehmen zu können, brauchen Sie über kurz oder lang dennoch einen eigenen Wagen – und zwar einen, der Sie zuverlässig von A nach B bringt. Flexibilität ist gerade in Zeiten hoher Konkurrenz ein Muss; und diese können Ihnen öffentliche Verkehrsmittel nun einmal nicht bieten.

Die meisten jungen Unternehmer sehen den Firmenwagen nicht als das, was er eigentlich sein sollte.

Für ein Statussymbol fehlt jedoch das Geld, und genau deshalb sollten die Ansprüche beim Thema Dienstfahrzeug nicht zu hoch angesetzt werden. Sicherlich können Sie mit einem 20 Jahre alten, heruntergekommenen Auto niemanden überzeugen. Es gibt jedoch viele Alternativen zur teuren Luxuskarosse, die sowohl sicher als auch optisch ansprechend sind. Unter gewissen Voraussetzungen dürfen Sie Ihre Mitarbeiter mit einem Dienstwagen "locken". Dass sich Angestellte über dieses Angebot freuen, das Auto auch im privaten Bereich nutzen zu können, versteht sich von selbst. Aber gerade dann wird es mit der steuerlichen Absetzung noch komplizierter, weswegen Sie sich gut überlegen sollten, ob es tatsächlich gut ist, Firmenwagen zur privaten Nutzung zur Verfügung zu stellen.

Jeder Firmenwagen gehört automatisch zum Betriebsvermögen und muss entsprechend versteuert werden. Die Art der Besteuerung macht das Finanzamt von verschiedenen Faktoren zuständig. Handelt es sich um nicht abgezahlte Wagen, können Sie sogar Kosten geltend machen – ebenso wie für den Betrieb (also Kraftstoff, Versicherungen und dergleichen). Um die KFZ-Steuer kommen Sie zunächst nicht herum, doch auch diese lässt sich am Ende des Jahres bei der Einkommensteuererklärung abschreiben. Doch Vorsicht: Nicht jeder Existenzgründer kann die Notwendigkeit des Firmenwagens erklären. Freiberufler, die nahezu ausschließlich von Zuhause aus arbeiten, haben im Endeffekt nur privaten Bedarf an dem Fahrzeug und können ihn dann auch nicht als Firmenwagen deklarieren. Das Betriebsvermögen muss für das Finanzamt schlüssig sein. Andernfalls muss es nicht zwingend anerkannt werden.

Erstaunlicherweise gilt bei Dienstwagen nicht das Prinzip "Ganz oder gar nicht". Sie müssen lediglich nachweisen, ob die betrieblich genutzten Firmenfahrzeuge mehr oder weniger als 50% beruflich gefahren werden.

Ein Beispiel: Ihre Firma liefert angebotene Produkte zu Kunden. Die Fahrer sind täglich neun Stunden für Sie im Einsatz – auch am Wochenende. Weil Sie ein netter Chef sind, stellen Sie die Transporter für den privaten Gebrauch zur Verfügung. Aus den dann sinnvollen Fahrtenbüchern ergibt sich, dass die Autos mindestens 50% der Zeit beruflich genutzt werden. In diesem Fall gehören sie automatisch zum betrieblichen Vermögen, so dass alle anfallenden Kosten von der Versicherung über Reparaturen bis hin zum Kraftstoff komplett absetzbar sind.

Wird ein Firmenfahrzeug jedoch nur zwischendurch für Kundentermine benötigt, während es sonst vorrangig privat genutzt wird, dann müssen Sie alle gewerblichen Fahrten in einem entsprechenden Fahrtenbuch festhalten. Die steuerliche Absetzung ist auch nur für die Zeiten möglich, in denen das als privat bewertete Auto dienstlich im Einsatz war. Nachgewiesen werden müssen jeweils drei Monate. Aus dieser Zeitspanne lässt sich recht gut einschätzen, zu welcher Gruppe das angeschaffte Fahrzeug gehört.

Haben Sie die Frage geklärt, ob Ihr Dienstwagen voll absetzbar ist, sollten Sie sich überlegen, wie genau die Anschaffung aussehen soll. Ein sofortiger Kauf ist nicht unbedingt notwendig, denn auch Leasing wird vom Finanzamt akzeptiert. Die Auswirkungen sollten Sie als Gründer respektive Selbständiger unbedingt kennen, denn welche Option die sinnvollere ist, hängt ebenfalls von Faktoren ab, die wir im Folgenden ein wenig näher erläutern möchten.

Entscheiden Sie sich dafür, das Fahrzeug aus eigenen Mitteln zu kaufen und sofort zu bezahlen, bringt dies erst einmal finanzielle Vorteile mit sich. Sie können beim Händler in der Regel einen recht hohen Rabatt aushandeln, und der Firmenwagen gehört sofort Ihnen. Das bedeutet, es spielen weder Banken (wie bei der Finanzierung) noch Leasing-Anbieter eine Rolle. Diese Unabhängigkeit ist sicherlich ein Pluspunkt. Jedoch muss Ihnen bewusst sein, dass direkt ein großer Teil Ihres Kapitals für den Wagen draufgeht. Brauchen Sie sogar mehrere Dienstfahrzeuge, ist der Barkauf mehr als unrealistisch – insbesondere für einen Existenzgründer. Aber auch ein Kredit ist nicht unbedingt die beste Lösung. Sofern Sie eine der beiden Optionen wählen, lässt sich das Fahrzeug über sechs Jahre abschreiben. Die genaue Höhe richtet sich nach der so genannten AfA-Tabelle. Ebenfalls absetzbar sind laufende Betriebskosten wie Kraftstoffen, Versicherungen, Wartung und Reparaturen des Fahrzeugs. Finanzieren Sie über einen Kredit, so sind auch die daraus entstehenden Zinsen absetzbar.

Eine weitere lohnenswerte Option ist das Leasing. Gerade unter Selbständigen wird dieser Weg zum "neuen" Fahrzeug immer beliebter. Ihr Budget wird allemal geschont, denn die Raten sind in der Regel kleiner als bei einem Kredit – und vor allen Dingen nicht so kostspielig wie eine Barzahlung. Wenn Sie sich für diese Möglichkeit entscheiden, dann müssen Sie jedoch alle Leasing Raten in Ihre monatliche Kalkulation einfließen lassen. Das Gute ist, dass Ihnen der Fiskus die Abschreibung aller Raten zugesteht – ebenso wie Betriebskosten. Aber: Nicht immer ist Leasing die bessere Variante. Faktoren wie der Preisunterschied für das gewählte Fahrzeug, Sonderzahlungen, Raten, vorzeitige Kündigungsoption und dergleichen sollten gegeneinander abgewogen werden. Im Idealfall lassen Sie sich von jemandem beraten, der sich bestens mit der Thematik auskennt und Sie bei der Beschaffung eines Dienstwagens unterstützen kann.

Wie kann ich bei der Selbständigkeit sparen?

Auch mit einem Gewerbe müssen Sie nicht vom ersten Tag an ein kleines Vermögen parat haben. Der Erfolg von Gründern stellt sich erfahrungsgemäß lange nach dem ersten Geschäftsjahr ein. Deshalb ist es ganz gut, wenn Sie genau wissen, in welchen Bereichen Einsparungen möglich sind. Auch ein hohes Budget – durch Eigen- oder Fremdkapital – müssen Sie nicht gleich komplett in das gegründete Unternehmen stecken. Schaffen Sie stattdessen lieber großzügige Rücklagen. Wir zeigen Ihnen, wo Sie sparen können und was dabei beachtet werden muss.

Arbeitszimmer im Haus

Gerade in größeren Städten sind Büroräume oftmals utopisch teuer. Die Miete und hohe Nebenkosten können Sie sich ganz einfach ersparen, indem Sie das Unternehmen von Zuhause aus führen – zumindest, solange es die Branche erlaubt. Ein Arbeitszimmer im Haus lässt sich unter bestimmten Voraussetzungen vollständig von der Steuer absetzen. Die Miete, die ohnehin jeden Monat anfällt, würde sich durch das Umfunktionieren eines für gewerbliche Zwecke genutzten Raums nicht oder aber nur unwesentlich erhöhen. Dasselbe gilt für Nebenkosten wie Strom, Gas und dergleichen. Damit Sie wissen, welche Abschreibungen möglich sind, berechnen Sie den prozentualen Anteil der gesamten Wohnfläche, die das Arbeitszimmer einnimmt. Dieser Satz gilt für die Absetzung von der Steuer. Richten Sie einen eigenen Telefon- und Internetanschluss ein, den Sie ausschließlich bzw. überwiegend für den Beruf nutzen, so können Sie auch diese Kosten komplett geltend machen.

Vorsicht bei Krediten – besser leasen

Gründer sind recht schnell dabei, wenn es ums Abschließen von Finanzierungen und Krediten geht. Ebenso wie das Firmenfahrzeug können Sie in der Regel aber auch technische Geräte wie Computer leasen. Dasselbe gilt für Maschinen, die Sie in Ihrem Betrieb benötigen. Eine Finanzierung lässt sich unter bestimmten Aspekten für maximal sechs Jahre abschreiben. Leasingraten hingegen sind immer absetzbar. Gleichzeitig schaffen Sie Liquidität in Ihrem Unternehmen, denn leasen ist zumindest auf den einzelnen Monat gerechnet deutlich günstiger als ein Ratenkredit oder die Barzahlung. Informieren Sie sich deshalb rechtzeitig über die Möglichkeit, Einrichtungsgegenstände, technisches Gerät, Maschinen und dergleichen zu leasen. Ein Vergleich der Gesamtkosten sollte bei der Entscheidung in jedem Fall stattfinden. Besser noch, Sie lassen sich ausführlich von Finanzexperten informieren. Der Steuerberater kann Ihnen in der Regel ganz gut weiterhelfen – vor allen

Dingen, wenn sich dieser auf Existenzgründungen spezialisiert hat.

Einrichtung gut und günstig

Möbel, Computer, Deko-Gegenstände und Co. sollen natürlich repräsentativ wirken und Ihren Kunden ein Gefühl von Seriosität vermitteln. Dazu ist es aber keineswegs erforderlich, die teuersten Einrichtungshäuser aufzusuchen und Stühle oder Tische zu kaufen, die ein Vermögen kosten. Schauen Sie in lokalen Zeitungen nach Geschäftsauflösungen. So lassen sich bei der Gründung schnell mal einige tausend Euro sparen. Dasselbe gilt natürlich auch für weitere Dinge, die Sie in Ihrem Betrieb benötigen – zum Beispiel Baumaschinen, Hebebühnen und dergleichen. Hört ein Unternehmen in derselben Branche auf, so wird in der Regel der Betrieb aufgelöst und die Einrichtung zu günstigen Konditionen veräußert. Je eher Sie mit der Suche nach geeigneten Artikeln beginnen, desto mehr können Sie am Ende sparen.

Haben Sie bereits Kredite oder Gründerförderungen für die Einrichtung erhalten, ist auch das kein Problem. Jede Einsparung hilft Ihnen dabei, die Liquidität zu stabilisieren und das gesparte Geld in andere Dinge zu investieren – beispielsweise in Rücklagen. Je mehr am

Ende der Einrichtungsphase übrig ist, desto besser. Sollten Sie doch einmal etwas vergessen haben, sind spätere Anschaffungen schließlich immer noch möglich. Fakt ist: Eine gute und ansprechende Einrichtung von Hallen, Büros und Co. muss nicht zwingend teuer sein. Und nicht alles was gebraucht ist, kann automatisch als schlecht abgetan werden.

Versicherungen

Das größte Problem, das Existenzgründer haben, ist die Überversicherung. Wer sich auf einen Vertreter verlässt, der allein auf seinen Profit aus ist, wird gerne mal übers Ohr gehauen – sehr zum Unmut des Kontostandes. Die monatliche Belastung lässt sich auf ein Minimum reduzieren, wenn man weiß, was wirklich notwendig ist und auf welche Versicherungen getrost verzichtet werden kann. Natürlich braucht ein Betrieb mit mehrere Mitarbeitern, Lagerhallen und hohem Warenbestand eine gute Absicherung als ein Freiberufler, der sich allein im Homeoffice um Aufträge kümmert und dem keine Kosten durch möglichen Warenverlust entstehen.

Gründerportale und Versicherungsvergleichsseiten können Ihnen dabei helfen, richtige Entscheidungen zu treffen – und darüber hinaus viel Geld durch die Wahl des richtigen Anbieters zu sparen. Es gibt inzwischen eine Vielzahl von Formularen, die ausgefüllt werden können, um Ihren genauen Bedarf herauszufinden. Nun stehen Sie nur noch vor der Entscheidung, bei welcher Agentur Sie die wirklich zweckmäßigen Versicherungen abschließen. In der Regel ist ein persönlicher Ansprechpartner vor Ort tatsächlich besser. Sind Sie vorbereitet und wissen genau, was Sie wollen, dann wird Ihnen der Vertreter auch nicht viel aufschwatzen können. Er hat aber den besseren Überblick über die Versicherungssummen, die abgedeckt werden wollen; speziell im Fall von Lagerbeständen und Absicherungen, bei denen die Betriebsgröße eine Rolle spielt.

Investitionen

Investieren und reinvestieren – das sind die beiden Hauptaufgaben jedes Gewerbetreibenden. Seien Sie jedoch auf der Hut, denn schnell hat man Geld ausgegeben, das gar nicht notwendig gewesen wäre. Sind 10.000 Flyer zum Werben wirklich sinnvoll, oder genügt es, zunächst 1.000 potentielle Kunden anzusprechen? Die Erfahrung zeigt, dass rund 1 – 2 Prozent aller Empfänger auf Ihre Anzeigen, Werbeflyer und dergleichen reagieren. Diese wollen jedoch erst einmal abgearbeitet werden, was vor allen Dingen kurz nach der Gründung Herausforderung genug ist. Auch die Investition in Waren, Büromaterial und Co. will gut durchdacht sein. Anfänglich benötigen Sie in der Regel weitaus weniger als Sie glauben. Schließlich muss sich erst herumsprechen, dass es Sie gibt. Nachbestellungen all dieser Dinge sind jederzeit möglich. Stellen Sie also nicht zu viel Geld für Werbemaßnahmen und Material zur Verfügung, sondern beginnen Sie so bescheiden es irgend geht.

Gewerbe nicht immer notwendig

Nicht jeder Unternehmer ist gezwungen, gleich ein Gewerbe anzumelden. Es gibt diverse Berufsgruppen, die komplett von dieser Pflicht ausgeschlossen sind; und damit meinen wir nicht nur freiberufliche tätige Künstler. Sobald ein Gewerbe angemeldet wurde, kommt das Finanzamt auf Sie zu und verlangt neben der Einkommen- auch Gewerbesteuer. Lassen Sie sich von Ihrem Unternehmensberater erklären, in welchen Fällen der Schritt ein Muss ist und wann Sie auf das Gewerbe verzichten können.

Neben dem klassischen Gewerbe gibt es die Option, ein Kleingewerbe zu eröffnen. Sofern Sie in die Rubrik fallen und einen bestimmten Jahresumsatz nicht überschreiten, lassen sich durch die Kleiunternehmer-Regelung oftmals mehrere tausend Euro einsparen. Voreilige Anmeldungen können Sie dagegen viel Geld kosten, das eigentlich gar nicht in die Hände des Staates fließen muss.

Gesellschafter und Investoren suchen

Gerade wenn Sie ein größeres Projekt planen, sind Rechtsformen wie die KG oder OHG zu empfehlen. Grund ist der, dass sich Ihr Kapital durch Investoren und Gesellschafter deutlich steigern lässt. Je mehr Sie an Geld zusammenkriegen, desto schneller wird sich das Unternehmen zu einem erfolgreichen Konzern entwickeln können. Sollten Sie lediglich einen kleineren Betrieb eröffnen wollen, können Geldgeber privater Natur ebenfalls von Vorteil sein. Sie tragen die Last nicht gänzlich allein, müssen dann allerdings einen Teil der erwirtschafteten Umsätze an den Gesellschafter abgeben. Über mögliche Rechts- und Unternehmensformen haben wir bereits umfassend informiert.

Sie wollen keine Verantwortung abgeben und Entscheidungen selbst treffen? Dann ist ein stiller Teilhaber möglicherweise die richtige Option, um an Geld zu kommen. Der Begriff rührt daher, dass es sich um einen Geldgeber ohne Einfluss auf den Betrieb handelt. Sieht er jedoch die Möglichkeit, von dem bald gut laufenden Unternehmen zu profitieren, investiert er in das Konzept und lässt sich von dem erwirtschafteten Plus mit einem gewissen Prozentsatz "belohnen".

Steuerberater aufsuchen

Am besten spart es sich mit einem guten Steuerberater an der Seite. In diesem Buch haben wir unzählige Dinge aufgezählt, sie sich ganz oder teilweise von der Steuer absetzen lassen. Ein Fachmann weiß jedoch noch viel mehr darüber und kann Ihnen außerdem verraten, welche Pauschalen sich steuerlich geltend machen lassen. Dass ein Steuerberater nicht kostenlos für Sie agiert, versteht sich von selbst. Der Nutzen ist jedoch weit höher als jede Investition, die sie in einen kompetenten Berater stecken können.

Kapitel 8 – die ersten Jahre

Sollten Sie jemals ein Konzept finden, das Ihnen innerhalb der ersten Monate zu Reichtum verhilft, dann melden Sie sich unbedingt bei uns. Jahrelange Erfahrung und verschiedenste Geschäftsideen beweisen, dass es kein Rezept für sofortigen Reichtum geben kann. Letztlich müssen Sie sich genau darauf einstellen und dürfen Ihre Erwartungen auf keinen Fall zu hoch schrauben. Das Motto "Hochmut kommt vor dem Fall" haben nämlich schon zahlreiche Existenzgründer auf bittere Weise zu spüren bekommen. Eine gute Idee ist der richtige Ansatz, doch auch diese muss sich erst einmal herumsprechen. In den ersten Jahren Ihrer neuen Existenz sind große Sprünge nur in den seltensten Fällen drin. Vergessen Sie also Ihre erträumten Urlaube, den Luxuswagen und das Eigenheim – zumindest vorerst. Sicherlich kann sich ein Unternehmen recht schnell behaupten. Bevor die schwarzen Zahlen auf der Kalkulation stehen, gilt es jedoch erst einmal, das Geld für getätigte Investitionen wieder reinzukriege; eine Aufgabe, die Ihnen noch viel Ausdauer abverlangen wird.

So schwer die ersten Jahre auch sein mögen, so viele finanzielle Vorteile können Sie sich durch das Beachten unserer vielen Tipps und Tricks verschaffen. Gründerdarlehen, rückzahlungsfreie Fördergelder und andere Mittel bringen Sie in der Summe schnell weiter. Schließlich ist Liquidität im Geschäftsleben alles. Der

Rest stellt sich irgendwann von ganz alleine ein. Sollte nicht schon im ersten Jahr ein großes wirtschaftliches Plus erzielt werden, ist das noch lange kein Grund, die Flinte ins Korn zu werfen und den Betrieb gleich wieder dicht zu machen. Was Sie in erster Linie brauchen, um ein erfolgreicher Unternehmer zu sein, ist Durchhaltevermögen – gerade in den ersten Jahren. Es wurde in einer Studie ermittelt, dass rund die Hälfte aller Existenzgründer innerhalb von fünf Jahren aufgeben. Schuld daran ist allerdings nicht das Konzept, sondern vielmehr das mangelnde Eigenkapital. Ohne ein gewisses Budget erfolgreich ins Geschäft einsteigen zu können, scheint eine weit verbreitete Meinung zu sein; und gleichzeitig ist es einer der größten Fehler, die Sie bei der Erstellung Ihres Businessplans machen können.

Allein im ersten Geschäftsjahr müssen sich bis zu 15 Prozent aller Gründer von ihrer Idee verabschieden und die Pforten schneller wieder schließen als sie sie geöffnet haben. Weitere 20 bis 25 Prozent scheitern im zweiten bzw. dritten Jahr. Wir möchten Ihnen an dieser Stelle keine Angst machen oder Sie von der Idee abbringen, selbständig tätig zu werden. Vielmehr geht es darum, sich auf mögliche Stolpersteine einzustellen und sich klar zu machen, dass auch fünf Jahre als Geschäftsmann kein Zuckerschlecken sind. Rein statistisch gesehen brauchen Sie für ein gutes Konzept und dessen Erfolg wenigstens drei Jahre. Sollten Sie dann noch immer bestehen und genug Ausdauer haben, um harte Zeiten zu überstehen, ist die größte Hürde in den meisten Fällen geschafft. Diese besagten drei Jahre sollten Sie unbedingt auch bei der Finanzierung von Krediten und Anschaffungen im Auge behalten, denn wer ins Plus kommen will, der muss anfänglich aufgenommene Schulden erst einmal beglichen haben. Sind alle Raten getilgt, wird es mit dem Erwirtschaften eines Überschusses deutlich leichter.

Schreibe ich bald schwarze Zahlen?

Zunächst eine gute Nachricht: Wenn Sie sich die ersten drei Jahre über Wasser halten können, dann bestehen gute Chancen, auch das fünfte Geschäftsjahr zu meistern. Diese erste Zeit nach der Gründung ist die wichtigste, denn während ihr scheitern bereits mehr als 50% aller Jungunternehmer. Die Frage, ob und wann Sie schwarze Zahlen schreiben, ist deshalb erst einmal gar nicht so wichtig. Wesentlicher kommt es darauf an, sich nicht Monat für Monat tiefer in Schulden zu stürzen und es zu schaffen, schrittweise aus dem Minus herauszukommen – unter anderem durch das Tilgen von Krediten, Rückzahlen von Fördergeldern (sofern erforderlich) und Auskommen mit dem Kapital, das Ihnen zur Verfügung steht. Je besser Sie anfangs kalkuliert haben, desto einfacher wird es, diese Ziele zu erreichen.

Schwarze Zahlen können Sie dann am schnellsten schreiben, wenn Ihr Unternehmen zumindest teilweise durch Eigenkapital gegründet und am Laufen gehalten wurde. Sind Sie komplett auf Fremdmittel angewiesen, besteht die Gefahr, tief in die Schuldenfalle zu geraten und aus selbiger nicht mehr herauszukommen. Fakt ist auch, dass Sie mit Sparsamkeit eher schwarze Zahlen schreiben.

Ein Beispiel: Sie gründen einen kleinen Kiosk mit speziellem Warenangebot. Ihr Eigenkapital liegt bei 100.000 Euro und es ist möglich, komplett auf Zuschüsse zu verzichten. Laufen die Waren gut und werden von Kunden angenommen, sind Sie in den ersten drei Jahren sicher in einem Umsatzbereich, der Ihnen ein ordentliches Plus verspricht.

Nehmen wir nun an, Sie würden das ganze Konzept auf die Hilfe von Fremdmitteln bauen. Neben den regelmäßigen Wareneinkäufen, die vorfinanziert werden müssen, sind auch Tilgungen an die Geldgeber erforderlich. Durch die höheren monatlichen Kosten vergeht deutlich mehr Zeit, bis Sie endlich positive Umsätze erzielen.

Ein Freiberufler, der lediglich einen guten Computer, einen Drucker und den ohnehin verfügbaren Internetanschluss benötigt, kommt in der Regel nicht nur ohne Fördergelder und Kredite aus, sondern auch ohne hohes Eigenkapital. Für ihn besteht die wesentliche

Aufgabe darin, Kunden zu gewinnen. Letztlich sind schwarze Zahlen in solchen Branchen bereits innerhalb der ersten Geschäftsmonate möglich – ebenso wie bei Franchise-Partnern und Affiliates, die es verstehen, effektive Werbung zu schalten.

Ob Sie innerhalb der wesentlichen drei ersten Jahre schwarze Zahlen schreiben, hängt also von diversen Faktoren ab. Zum einen ist es logisch, dass ein Unternehmen mit hohen Investitionskosten länger braucht, um offene Kredite und Hilfen durch Dritte zu tilgen sowie gekaufte Waren wieder an den Kunden zu bringen. Zum anderen spielt der persönliche Charakter eine erhebliche Rolle, denn es genügt nicht, ein Unternehmen zu gründen und einfach abzuwarten, wie es sich entwickelt. Sie müssen charakterstark sein, gut werben können und auf keinen Fall davor zurückscheuen, sich an Fachleute auf verschiedenen Gebieten zu wenden; zum Beispiel an Steuer- und Unternehmensberater, aber auch an Werbeprofis und dergleichen.

In den vergangenen Jahren haben Handelskammern zahlreiche Gründer unter die Lupe genommen und festgestellt, dass sich Frauen deutlich besser auf die anstehende Gründung vorbereiten. Deshalb funktionieren Ihre Unternehmen auch deutlich schneller an und schaffen bereits innerhalb der ersten drei Geschäftsjahre, einen gewissen Erfolg zu erreichen. Letztlich ist eine umfassende Vorbereitung alles, wenn Sie nicht noch nach fünf und mehr Jahren auf hohen Kosten sitzen wollen. Besprechen Sie Kredite, Finanzierungen und auch Leasing-Angebote unbedingt mit Ihrem Unternehmensberater. Die Tilgung sollte unbedingt so schnell wie möglich erfolgen, denn sobald die monatlichen Zusatzkosten entfallen, erholt sich Ihre Liquidität fast von selbst. Beachten Sie dabei Ihre monatlichen Fixkosten und suchen Sie nach Wegen, diese so gering wie es geht ausfallen zu lassen. Ein Preisvergleich kann in jedem Fall helfen, Ihrem Wunsch eines positiven Umsatzes näher zu kommen.

Wie bilde ich am besten Rücklagen?

Insbesondere sehr junge Gründer neigen dazu, in ihrer Euphorie das Bilden von Rücklagen komplett außer Acht zu lassen. Dabei ist es unglaublich wichtig, sich auf schlechte Zeiten sowie auf schon bald anstehende Steuerzahlungen vorzubereiten. Läuft das Geschäftsjahr besser als erwartet und werden Freibeträge überschritten, bittet der Staat zur Kasse. Und nicht nur das Finanzamt freut sich darüber, einen Teil des erwirtschafteten Geldes abzubekommen. Schließlich müssen auch noch nach Jahren Investitionen getätigt werden. Gehen beispielsweise Maschinen kaputt oder es wird ein neuer Computer benötigt, gerade unwissende Selbständige schnell an ihre finanziellen Grenzen. Die Schwierigkeiten in der Liquidität können im schlimmsten Fall zur kompletten Zahlungsunfähigkeit führen. In der

Konsequenz müssen die Betriebe spätestens dann geschlossen werden; vorausgesetzt, man kriegt nicht im letzten Moment doch noch die Kurve.

Das Thema Steuern sollte bei Ihnen immer oberste Priorität haben. Mit dem Staat ist nämlich nicht zu spaßen, wenn es um Rückstände geht. Sobald Sie das erste Jahr hinter sich gebracht haben, werden Sie außerdem gleich doppelt zur Kasse gebeten. Nehmen wir an, Sie haben genug Umsätze erzielt und müssen zunächst 5.000 Euro an das Finanzamt zahlen. Auf dieser Basis errechnet sich die Vorsteuer für das nun kommende Geschäftsjahr. Im Rhythmus von drei Monaten werden Sie nun gebeten, diese zu entrichten. Gerade diese Vorauszahlung lässt die wirtschaftliche Lage vieler Gründer schon zu Beginn zusammenbrechen. Aber sie hat auch etwas Gutes, denn sollte sich der Umsatz im Folgejahr nur unwesentlich erhöhen, sind die Schulden am Jahresende umso geringer. Die Differenz wird Ihnen dann natürlich abverlangt, und Sie zahlen weiter im Voraus für die kommenden Jahre. Abschläge werden in der Regel für alle Steuerarten verlangt – also nicht nur Einkommensteuer, sondern auch Gewerbe- und ggf. Körperschaftssteuer.

Wer Rücklagen für die Steuer gebildet hat, ist zumindest in diesem Punkt erst einmal auf der sicheren Seite. Doch es gibt natürlich noch weitere Bereiche, in denen ein gewisser Überschuss an Kapital nicht schaden kann. Dass sich viele Existenzgründer schwer mit der Bildung von Rücklagen tun, liegt vor allen Dingen an der Kontoführung. Sie sollten auf keinen Fall zu den Selbständigen gehören, die in der Anlaufphase am falschen Ende sparen und auf ein geschäftliches Konto verzichten. Zwar kann es möglicherweise sein, dass die Gebühren für ein solches höher sind als beim Privatkonto, doch die strikte Trennung zwischen betrieblichem und privatem Vermögen wird sich am Ende immer auszahlen. Das Geschäftskonto ist dazu da, alle Zahlungen mit Personal, Lieferanten, Partnern und dergleichen abzuwickeln. Gleichzeitig fließen Einnahmen darauf, die Sie durch Verkäufe, Beratungen und durch weitere Rechnungsstellungen für Ihre Leistungen erhalten. Auch das Finanzamt ist sichtlich froh darüber, wenn es die privaten und geschäftlichen Transaktionen nicht in mühevoller Kleinarbeit selbst trennen muss, zumal Sie vor allen Dingen auch beim Steuerberater Geld sparen werden. Je klarer die Trennung ist, desto besser haben Sie Ihre betriebliche Wirtschaftslage im Überblick und können entsprechend handeln. Damit auch privat Geld zum Leben übrig bleibt, zahlen Sie sich einen festgelegten Betrag auf Ihr privates Konto. Mit dieser Summe können Sie Miete, Strom, Lebensmittel und all das kaufen, was außerhalb Ihrer beruflichen Existenz benötigt wird.

Möglicherweise werden Sie nun denken, dass es für Freiberufler vollkommen irrelevant ist, ob sie ein oder zwei Konten besitzen. Doch auch das ist ein Trugschluss, denn schnell reihen sich etliche Kosten nebeneinander, die sich am Jahresende nur noch schwer voneinander trennen lassen. Schaffen Sie privat einen Computer an, gleich nachdem Sie Ihre Telefonanlage im Homeoffice haben reparieren lassen, wird es irgendwann unübersichtlich auf Ihren Kontoauszügen. Je mehr Durcheinander entsteht, desto schlechter können Sie betriebliche Ausgaben beim Finanzamt geltend machen. Die dazugehörigen Rechnungen müssen ohnehin abgeheftet und aufbewahrt werden, doch wenn das Finanzamt Kontoeinsicht fordert, werden Sie garantiert so manche Diskussion mit selbigem zu führen haben. Sich für ein eigenes Geschäftskonto zu entscheiden, lohnt sich immer – ob Sie nun freischaffender Künstler mit geringem finanziellen Aufwand oder aber Großunternehmer werden wollen. Hier die Vorteile im Überblick:

1. Sie bewahren den Durchblick

Wer private und geschäftliche Einnahmen klar voneinander trennt, kommt zu keinem Zeitpunkt in Erklärungsnot beim Aufspalten der jeweiligen Ausgaben und Einnahmen. Gleichzeitig haben Sie einen besseren Überblick darüber, wie viel Geld auf beiden Seiten zur Verfügung steht und ob beispielsweise eine geplante Anschaffung überhaupt realisierbar ist. Das Privatvermögen sollten Sie dabei so gering wie möglich halten, denn je mehr Rücklagen auf dem Geschäftskonto stehen, desto besser für Ihre Liquidität.

1. Das Bilden von Rücklagen wird einfacher

Es ist unglaublich leichtsinnig, sich jederzeit beliebig Geld vom Geschäftskonto aufs private Girokonto zu zahlen. Überlegen Sie stattdessen, was Sie wirklich benötigen und ob die von Ihnen gebrauchte Summe für den privaten Bereich vorhanden ist. Diese überweisen Sie lediglich einmal pro Monat, denn sonst verlieren Sie auch in diesem Punkt schnell den Überblick. Die Rücklagen entstehen durch diese konsequente Verhaltensweise fast von selbst. Läuft das Unternehmen zeitweise besonders gut, ist das nämlich noch lange kein Anlass, sich privat mehr zu gönnen. Lassen Sie den Überschuss lieber stehen; wer weiß, wann Sie die Rücklagen zum Erhalt des Betriebs benötigen. Floriert das Unternehmen auch langfristig, spricht natürlich nichts dagegen, Ihr privates Guthaben zu erhöhen oder sich am Jahresende aus dem Umsatzplus zu bedienen – aber bitte nicht zu großzügig.

1. Weniger Aufwand für Sie und den Steuerberater

Das Steuerberatungsbüro wird Ihnen die klare Trennung in jedem Fall danken. Stellen Sie sich vor, es tauchen Fragen zu bestehenden Versicherungen auf. Sie müssen nun stundenlang in hunderten Buchungen den Posten suchen, der für Ihren Steuerberater relevant ist. Genau das Problem ersparen Sie sich, wenn Geschäfts- und Privatvermögen nicht auf ein Konto fließen.

Möchten Sie es noch einfacher haben? Dann errichten Sie am besten gleich zwei Geschäftskonten. Welches Kreditinstitut Sie dazu wählen, spielt im Endeffekt nur eine beiläufige Rolle. Allerdings kann es hilfreich sein, zumindest das Einnahmenkonto bei der Bank zu führen, die Ihnen möglicherweise mit Krediten über die Runden hilft. Je klarer Ihre wirtschaftlichen Verhältnisse für das Institut erkennbar sind, desto leichter ist es, Anträge durchzukriegen. Doch nun zu den Konten:

Ausgaben immer im Blick

Das erste Geschäftskonto richten Sie bei einer beliebigen Bank ein – und zwar ausschließlich für betriebliche Ausgaben. Damit Sie überall an das darauf befindliche Geld herankommen, brauchen Sie eine EC-Karte und eventuell auch eine Kreditkarte (sollten Anschaffungen teurer sein als erwartet). So verfügen Sie jeweils über die Summe, die Sie für Investitionen benötigen. Auch Gehälter an Mitarbeiter, Lieferanten und Partner werden über dieses Geschäftskonto ausgezahlt. Wichtig: Halten Sie den Kreditrahmen so niedrig wie möglich. Ansonsten besteht die Gefahr, mehr Geld auszugeben als eigentlich eingeplant war.

Wichtig für Kreditgeber: Die Einnahmen

Wählen Sie gezielt eine Hausbank, die Ihren Kreditwünschen entspricht. Dort richten Sie Ihr zweites Geschäftskonto ein, auf das sämtliche Einnahmen Ihres Betriebs fließen. Eine EC-Karte sollten Sie sich nicht ausstellen lassen, denn Gelder für Ausgaben fließen per Online Banking sofort auf das zweite Geschäftskonto. Die Bankverbindung wird allen Kunden an die Hand gegeben, denn so fließt das Geld tatsächlich nur auf dieses Konto und Sie wissen genau, wie viel am Ende des Monats verfügbar ist. Gleichzeitig beinhaltet das Modell einen Kreditrahmen, den Sie mit Ihrem Sachbearbeiter aushandeln müssen. Je mehr Ihnen angeboten wird, desto besser für die Liquidität. Achten Sie jedoch streng darauf, den Rahmen nicht vollkommen auszuschöpfen. Der Kredit sollte ausschließlich im Notfall eingesetzt werden.

Rücklagen werden schon deshalb benötigt, weil Selbständige grundsätzlich mit Schwankungen in den Einnahmen rechnen müssen. Ihre Mühe soll natürlich belohnt werden, doch wenn Sie in guten Monaten alles gleich aus dem Fenster werfen, ist das Ende der

Fahnenstange schon bald erreicht und Ihnen bleibt nichts übrig als das Unternehmen zu schließen. Rund 50% aller Einnahmen können Sie bei Ihren Rechnungen mit einfließen lassen. Hiervon einen Teil zurückzulegen, ist der richtige Weg. Glauben Sie uns: Irgendwann rentiert sich die Sparsamkeit und Sie erhalten den Lohn für Ihre Mühen.

Ab wann Personal einstellen?

Bevor Sie an Mitarbeiter denken und nach diesen suchen können, müssen Sie erst einmal selbst über die Runden kommen. Sie tragen schließlich die Verantwortung und belasten sich mit Löhnen oftmals nur unnötig selbst. Es gibt sicherlich Ausnahmen, denn viele Betriebe können nur dann existieren, wenn genügend Personal vorhanden ist. Grundsätzlich sollten Sie aber gerade in den ersten Jahren versuchen, möglichst viel Kraft und Zeit allein in das Unternehmen zu stecken, um Kosten zu sparen und den Betrieb zum Laufen zu bringen. In der Regel wird es kaum möglich sein, durch die ersten erwirtschafteten Gewinne gleich eine oder mehrere Vollzeitkräfte einzustellen. Schließlich fallen nicht allein Lohnkosten an, sondern es müssen auch Beiträge zur gesetzlichen Kranken-, Pflege- und Rentenversicherung entrichtet werden. Hinzu kommen Arbeitslosen- und Unfallversicherungen, zu deren Zahlung Sie als Arbeitgeber grundsätzlich verpflichtet sind. Diese Lohnnebenkosten können ein Jungunternehmen ziemlich stark belasten – vor allen Dingen, wenn ein Mitarbeiter allein nicht genügt. Personal wird folglich erst dann eingestellt, wenn es die Umsätze zulassen und es keine andere Option gibt, den Betrieb zu führen. Je nach Höhe des vereinbarten Bruttolohns müssten Sie schließlich mit einem finanziellen Mehraufwand bis zu 25 Prozent rechnen. Was dabei zusammenkommt, sollte nicht unterschätzt werden.

Sofern Mitarbeiter ein Muss für den aufgebauten Betrieb sind, gibt es weitaus kostengünstigere Optionen als Vollzeitbeschäftigte. Sie können beispielsweise nach Personal suchen, das auf Minijob-Basis bei Ihnen eingestellt wird. Nach der neuen Regelung darf ein Angestellter in diesem Fall bis zu 450 Euro steuerfrei verdienen. Sie selbst tragen keine Beiträge zur Krankenversicherung, und auch die weiteren Sozialversicherungen entfallen beim Mini Job. Dennoch sollte auch bei dieser Option klar sein, dass 30 Prozent des Gehalts als Pauschale an die Bundesknappschaft abgeführt werden müssen. Eine weitere Alternative ist die Anstellung mit Niedriglohn. Man bezeichnet dies auch als Gleitzone, die vom Gesetzgeber zwischen 401 und 800 Euro festgemacht wurde. Anders als Teilzeitbeschäftige erhalten Niedriglohn-Beschäftigte einen geringeren Stundensatz. Die Lohnsteuer, die auf Sie umgerechnet wird, liegt bei höchstens 21% der ausgezahlten Bruttosumme. Hinzu kommen einige Sozialabgaben fällig, deren Höhe sich allerdings in einem überschaubaren Rahmen hält. Teilzeitkräfte werden bei den Lohnnebenkosten genauso behandelt wie Vollzeit-

Mitarbeiter. Einen wirtschaftlichen Vorteil erzielen Sie damit also nicht.

Die Palette an Personal ist glücklicherweise noch nicht ausgeschöpft. Eine sehr günstige Option bietet sich mit der Einstellung von Studenten. Sofern Sie lediglich stundenweise Unterstützung in Ihrem Betrieb benötigen, sollten Sie gezielt nach Studenten suchen, die Lust und Zeit haben, bei Ihnen zu arbeiten. Sofern die maximale Grenze von 20 Stunden pro Woche nicht überschritten wird, unterliegt diese Zielgruppe keiner Versicherungspflicht. Vor allen Dingen an den Lohnnebenkosten können Sie auf diese Weise sparen. Die Rentenversicherungspflicht entfällt bei Mitarbeitern dieser Gruppe, die weniger als 450 Euro monatlich verdienen. Da Studenten bestimmten Vorteilen unterliegen, ist es immens wichtig, sich den aktuellen Immatrikulationsnachweis vorlegen zu lassen. Für klassische Minijobber, die keinem Studium nachgehen, gelten diese Vorzüge nämlich nicht. Unabhängig davon muss sichergestellt werden, dass der Bewerber keiner weiteren Beschäftigung neben dem Studium nachgeht. Stimmen alle Voraussetzungen, können Sie zumindest innerhalb der Semesterferien und stundenweise auf Hilfe zählen, ohne gleich immense Kosten in Kauf nehmen zu müssen.

Im besten Fall machen Sie sich in einer Branche selbständig, in der Sie die notwendige Erfahrung haben.

Können Sie darüber hinaus eine Ausbildung oder gar einen Meistertitel vorweisen, bietet sich gleich eine weitere Chance auf günstiges Personal: Auszubildende. Je nach Berufsgruppe müssen spezielle Bedingungen erfüllt werden. Am besten ist es, sich über diese Option bei der IHK oder aber der zuständigen Handelskammer zu informieren. Sobald der Plan abgesegnet wurde, beginnen Sie mit der Suche nach passenden Bewerbern, denen eine Ausbildung in Ihrem noch jungen Betrieb Spaß bereiten würde. Der Kostenfaktor spricht eindeutig für sich, denn letztlich müssen Sie kaum etwas für einen Auszubildenden bezahlen – zumal die Gehälter selbst deutlich niedriger ausfallen als bei gelerntem Personal. Es gibt jedoch auch Nachteile, denn kein Lehrling kann Sie voll und ganz entlasten; schlicht und ergreifend, weil es ihm an der notwendigen Erfahrung fehlt. Auf mindestens drei Jahre Mehraufwand müssen Sie sich schon einstellen. Kleinere Arbeiten werden Ihnen jedoch abgenommen, was je nach Betriebsgröße und unternehmerischem Aufwand durchaus eine Hilfe sein kann. Während der festgelegten Berufsschulzeiten steht Ihnen der Auszubildende nicht zur Verfügung. Es steht also die Überlegung im Raum, weitere Unterstützung durch einen Minijobber zu suchen. Beides lässt sich erfahrungsgemäß gut miteinander vereinbaren. Der größte Vorteil an Auszubildenden ist, dass sie in den Betrieb hereinwachsen und sich auf alle Abläufe einstellen können. Ist die Lehre beendet, treffen Sie eine Entscheidung. Entweder stellen Sie den Azubi zu veränderten Konditionen ein, oder aber Sie gehen einen anderen Weg.

Wer Auszubildende einstellt, sollte seinen Betrieb bereits einige Jahre haben. Generell muss natürlich sichergestellt sein, dass Sie sich überhaupt Personal leisten können. Im Zweifelsfall ist es für einen Festangestellten aber weniger dramatisch, den Arbeitsplatz wieder aufgeben zu müssen. Unterbrechungen während der laufenden Ausbildung machen es dagegen noch schwerer, wieder Fuß zu fassen und einen Betrieb zu finden, in dem die Lehre abgeschlossen werden kann. Geben Sie sich ruhig ein wenig Zeit, Umsätze zu generieren. In den ersten drei bis vier Jahren ist der Kundenstamm meist noch nicht so umfangreich als dass gleich Mitarbeiter benötigt würden. Und wenn doch, können Sie immer versuchen, sich von öffentlichen Stellen fördern zu lassen.

Ist gutes Personal ein Muss für Ihr Unternehmen, dann sollten Sie möglichst bald den Weg zur Arbeitsagentur antreten. Diese Stelle bietet Ihnen in der Regel eine Vielzahl an Menschen, die händeringend Arbeit suchen. Zwar steht der eigene Wille nicht immer vor dem Druck, unter welchem Arbeitslose stehen. Dafür bekommen Sie jedoch finanzielle Unterstützung, sobald Sie einem beim Arbeitsamt gemeldeten Bürger eine Chance auf neue Perspektiven geben. Die öffentliche Stelle hat die Möglichkeit, Ihnen einen Einstellungszuschuss zukommen zu lassen – insbesondere, wenn Sie Ihr Unternehmen erst gegründet haben. Der Zuschuss steht Ihnen bei allen Arbeitslosen zu, die mehr als drei Monate Geld nach dem Sozialgesetzbuch bezogen haben. Hinzu kommt die Option, vom so genannten Eingliederungszuschuss zu profitieren. Dieser wird

beispielsweise bei Langzeitarbeitslosen ausgeschüttet –
insbesondere dann, wenn der potentielle Arbeitnehmer
bereits als schwer vermittelbar eingestuft wurde. Je
länger die Einarbeitungszeit eingeschätzt wird, desto
mehr Zuschüsse können Sie bei der Arbeitsagentur
geltend machen. In einem persönlichen Gespräch mit den
Vermittlern erfahren Sie, wie die Hilfen in der Praxis
aussehen.

Gutes Personal ist letztlich teuer. Die Förderungen, die
Existenzgründern zustehen, sollte man sich auf keinen
Fall nehmen lassen. Würden Sie beispielsweise einen
körperlich behinderten Menschen einstellen, stünden
Ihnen weitere Gelder von Seiten der Ämter und
öffentlichen Stellen zu. Allerdings sollte der
Kostenfaktor nicht der einzige Beweggrund sein,
jemandem mit Handicap eine Chance zu geben. Im
Endeffekt profitieren Sie von einem dankbaren
Angestellten, der Sie sicherlich besser unterstützt als
manch gesunder Angestellter, der eigentlich nichts lieber
möchte als weiterhin auf Staatskosten zu leben.

Mitarbeiter suchen und einstellen

Haben Sie sich zwischen den vorgenannten Optionen
entschieden und sind zu dem Schluss gekommen, dass
Mitarbeiter zwingend notwendig sind, müssen Sie sich

natürlich auf die Suche machen. Das Arbeitsamt ist dabei nur eine Möglichkeit, denn auch über geschaltete Anzeigen erhalten Sie in aller Regel recht schnell Resonanz. Bewerber sollten sich unbedingt schriftlich bei Ihnen melden. So haben Sie die wichtigsten Informationen im Überblick und können verschiedene eingegangene Bewerbungen direkt miteinander vergleichen. Die Vollständigkeit und Sorgfalt der Unterlagen verrät oft schon vor dem ersten persönlichen Gespräch mehr über den Interessenten als man glaubt. Benötigen Sie Fachpersonal, müssen entsprechende Nachweise über Aus- und Weiterbildungen, Abschlüsse und dergleichen erbracht werden. Auch Arbeitszeugnisse können eine Entscheidungshilfe sein. Geht es lediglich um Hilfstätigkeiten, ist es nicht notwendig, zu streng mit den Bewerbern umzugehen. Die besten Chefs sind immer noch die, die auch ungelerntem Personal eine Chance geben – vorausgesetzt, der Bewerber steht voller Elan hinter Ihrem Unternehmen und beweist, dass er Lust aufs Arbeiten hat.

Kapitel 9 – die schlimmsten Fehler

Wo Menschen sind, da passieren Fehler. Das gilt auch und gerade bei der Existenzgründung. Immer wieder scheitern Jungunternehmer in den ersten Jahren – bedauerlicherweise aus Gründen, die sich ohne großen Aufwand vermeiden ließen. In diesem letzten Kapitel möchten wir Ihnen aufzeigen, was schiefgehen kann und welche Möglichkeiten sich bieten, das Unternehmen doch noch vor dem Aus zu retten. Je mehr Tipps Sie aus diesem Buch mitnehmen und verinnerlichen, desto leichter haben Sie es, Ihr Unternehmen erfolgreich zu führen; und vor allen Dingen möglichst lange aufrecht zu erhalten.

Dass in der Selbständigkeit nicht immer alles nach Plan läuft, davon können wahrscheinlich die meisten Unternehmer ein Liedchen singen. Damit Sie auf den richtigen Weg gebracht haben, möchten wir Ihnen die möglichen Fehler ganz genau vor Augen halten. Das Risiko, sich sonst in die falsche Richtung zu entwickeln, ist nämlich immens groß.

Was alles falsch laufen kann bei der Existenzgründung, das wissen oftmals nicht einmal Unternehmer, die bereits einige Jahre am Markt sind. Genau deshalb möchten wir im Folgenden auf wesentliche Faktoren und Hürden eingehen.

Was kann bei der Gründung schiefgehen?

Eigentlich sollten die typischen Anfängerfehler allgemein bekannt sein. Dennoch scheitert ein Großteil aller Existenzen immer wieder an denselben Problemen. Kommen mehrere Fehler zusammen, ist die Gründung auch schon hinfällig und es droht eine komplette Pleite. Es gibt aber auch Aspekte, die allein ausschlaggebend genug sind, dass die Existenz nicht weitergeführt werden kann. Bewusst gehen wir nur auf die typischen Defizite von Jungunternehmern ein. Daneben müsste man noch 100 weitere Gründe dafür aufzählen, warum so viele trotz guter Ideen scheitern. Der sprichwörtliche Geistesblitz ist eben noch lange kein Garant für eine erfolgreiche Existenzgründung.

1. Sie bereiten sich nicht gut genug vor

Viele vor allen Dingen junge Existenzgründer beginnen den Geschäftsaufbau ohne wirkliches komplett. Noch immer sind die meisten von ihnen im Glauben, die Idee allein genüge vollkommen, um innerhalb kürzester Zeit erfolgreich zu werden. Ein Trugschluss, wie Statistiken zeigen. Natürlich brauchen Sie eine Idee. Diese sollte aber möglichst ausgereift sein. Vage Vorstellungen von einem Produkt oder einer neuen Dienstleistungen reichen bei Weitem nicht aus, um zu punkten. Die meisten Gründer vergessen in ihrer überschwänglichen Vorfreude auf die erste Million, sich Gedanken über den Markt zu machen, der mit dem Unternehmen angesprochen werden soll. Fragen wie "Wer braucht das Produkt / die Dienstleistung?", "Ist die Zielgruppe groß genug?", "Habe ich womöglich starke Konkurrenz?" und "Wie sieht es mit dem Einzugsgebiet aus?" stellen sich nur die wenigsten. Und das sind am Ende die knappen 50% aller Gründer, deren Firmen auch nach Jahren Bestand haben. Ist der Markt doch ausreichend analysiert worden, scheitert es bei anderen Unternehmern an der notwendigen Qualifikation und den erforderlichen Fähigkeiten, um die vage Idee überhaupt in die Tat umsetzen zu können. Eine Idee braucht immer konkrete Ziele, und diese können Sie ohne Analysen bzw. ein Konzept nicht erreichen. Die Meinung, ein Businessplan sei unnötig, wird sich früher oder später rächen. Selbst als Freiberufler ist es von Vorteil, sich genau mit Zielgruppen, Werbemöglichkeiten und Rechtsformen auseinanderzusetzen. Der größte Fehler neben der ungenügenden Vorbereitung sind Erwartungen, die man als utopisch bezeichnen darf. Kein Gründer sollte davon ausgehen, in den ersten Jahren reich zu werden – manche schaffen es nicht einmal nach Jahrzehnten.

1. Sie haben kein Gefühl für Zahlen

Wenn Sie sich selbständig machen, dann gehen wir erst einmal davon aus, dass Sie über ausreichende Fertigkeiten und Fähigkeiten verfügen, um in Ihrer Branche eine gute Figur zu machen. Möglicherweise sind Sie sogar besser auf dem Gebiet als die Konkurrenz im Umkreis. Die schlechte Nachricht an der Sache ist, dass auch diese Fähigkeiten kaum ausreichen, um eine Selbständigkeit zum Erfolg zu führen. Sie müssen bedenken, dass Ihnen alle finanziellen Themen im Angestelltenverhältnis erspart geblieben sind. Anders als der Chef mussten Sie nicht kalkulieren, Preise vergleichen, Rücklagen schaffen oder gar die Buchhaltung übernehmen – Ausnahmen gibt es natürlich. Sofern Sie über keine kaufmännischen Kenntnisse verfügen, ist die Existenzgründung ein sehr riskantes Unterfangen. Nun gibt es zwei Möglichkeiten: Entweder bilden Sie sich auf dem Gebiet weiter, oder aber Sie holen sich Hilfe durch Steuerberater und / oder Angestellte, deren Know-how Sie zwingend benötigen. Gerade die Buchhaltung kann ganz gut an Dritte abgegeben werden. Meist sind die Kosten dafür nicht allzu hoch, zumal sich die Inanspruchnahme von Profis relativ schnell bezahlt macht.

1. Ihnen fehlt das notwendige Kapital

Im Zusammenhang mit der Selbständigkeit werden Sie immer wieder den Begriff "Liquidität" hören. Letzten Endes beschreibt dieser Begriff, ob Sie über genügend Kapital verfügen, um Anschaffungen, Fix- und andere Kosten bewältigen zu können. Solange Sie flüssig sind, steht einer Existenzgründung meist nichts im Wege. Problematisch wird es dagegen, wenn Ihnen das Geld bereits vor der Eröffnung des Unternehmens auszugehen droht. Es ist löblich, vor einer geplanten Gründung Unternehmensberater und andere Stellen in Anspruch zu nehmen, um möglichst viele potentielle Fehler zu umgehen. Dennoch muss auch weit danach genügend Kapital vorhanden sein – gerade weil die ersten Jahre kein Zuckerschlecken werden. Fehlt es an Ersparnissen und wurden keine Förderungen angenommen, sind Sie im Grunde genommen darauf angewiesen, ab dem ersten Tag Ihrer Geschäftseröffnung einen positiven Umsatz zu erwirtschaften; ein Ziel, das meist gar nicht realisierbar ist. Die meisten Branchen verlangen Ihnen außerdem eine kurzfristige Liquidität ab. Es muss nur zu Zahlungsausfällen von Seiten Ihrer Kunden kommen, und schon gehen selbst die besten Kalkulationen nicht mehr auf. Fehlt es an Rücklagen, können selbst kurzfristige Engpässe zum wirtschaftlichen Ende Ihres Unternehmens werden. Der finanzielle Aspekt steht deshalb bei jeder Gründung an erster Stelle – und ist gleichzeitig einer der häufigsten Fehler, die junge Unternehmer machen.

1. Sie bleiben nicht am Ball

Relevante Fehler, die gemacht werden können, stehen in direktem Zusammenhang mit dem Marketing. Wer bekannt werden möchte, der muss in Sachen Werbung alles ausschöpfen, was sich mit den vorhandenen finanziellen Mitteln ermöglichen lässt. Viele Existenzgründer machen allerdings den Fehler, sich erst gar nicht mit dem Thema auseinanderzusetzen und das Werben dabei komplett außen vor zu lassen. Andere wiederum kümmern sich lediglich in der Gründungsphase um das Marketing und sind der Ansicht, dies würde ausreichen. Wer jedoch langfristig erfolgreich sein will, der muss in Sachen Werbung am Ball bleiben – auch noch nach Jahren. Am Beispiel großer Konzerne lässt sich ganz gut erkennen, dass es keinen Zeitpunkt gibt, an dem das Werben ein Ende haben darf. Selbst die bekanntesten Marken werden in Fernsehwerbung und Zeitungen immer wieder erwähnt; und zwar, um den Kunden im Gedächtnis zu bleiben und gegebenenfalls sogar neue Kunden zu gewinnen.

Schon vor der geplanten Eröffnung Ihres Betriebs müssen Sie Werbung schalten, wann und wo immer es möglich ist. Lassen Sie Ihr Umfeld wissen, dass es demnächst ein neues Unternehmen geben wird – und stellen Sie dabei sofort klar, was Sie ausmacht. Stoßen

Sie mit dem Marketing auf Resonanz, ist das längst kein Grund aufzuhören. Kunden brauchen Sie grundsätzlich immer. Erst mit Werbung und der Suche nach neuen Kunden zu beginnen, wenn die Auftragslage schlechter wird, ist einer der größten Fehler, die sie im Business machen können.

1. Ihnen fehlt der Überblick bei den Kosten

Leider lassen sich viele Kosten, die in Verbindung mit der Selbständigkeit stehen, nicht gleich vom ersten Tag an einplanen. Auch diese Tatsache ist ein Grund dafür, dass sehr viele Existenzen bereits kurz nach ihrer Gründung scheitern. Das erklärte Ziel jedes Unternehmers ist es, möglichst mehr zu verdienen als im Angestelltenverhältnis. Aber genau dieser Plan kann gerade in den ersten Jahren nicht aufgehen. Unterschätzt werden insbesondere die Kosten, die nicht regelmäßig anfallen – zum Beispiel, weil plötzlich Geräte ersetzt oder mehr Waren angeschafft werden wollen. Gewerbe- und Einkommensteuer, die jeweils am Jahresende fällig werden, geraten ebenfalls in Vergessenheit. Rund die Hälfte Ihrer monatlichen Nettoeinkünfte sollten Sie deshalb unbedingt für Kosten aller Art einplanen. Ist der Umsatz hoch genug, schaffen Sie darüber hinaus Rücklagen. Sollten unvorhergesehene Anschaffungen notwendig werden, sind Sie damit auf der sicheren Seite.

In diesem Zusammenhang tauchen die größten Probleme vor allen Dingen beim Thema Steuern auf. Kaum ein Existenzgründer ist sich im Klaren darüber, dass der Staat nur allzu gerne etwas von den Einkünften abbekommen möchte – und zwar weit mehr als viele annehmen. Wer glaubt, das alles ohne Steuerberater und Hilfe durch Fachleute im Griff zu haben, der begeht bereits einen der größten Fehler, die man überhaupt machen kann. Gerade wenn Sie nicht aus dem kaufmännischen Bereich kommen, ist ein Verlust des Überblicks vorprogrammiert. Am besten fahren Existenzgründer und unerfahrene Selbständige damit, das Thema Steuern ganz und gar abzugeben.

1. Sie geben mehr aus als verfügbar ist

Schnell sind einige tausend Euro ausgegeben, wenn Ihnen Kleidung, Firmenwagen und die Einrichtung Ihrer gewerblichen Räumlichkeiten nicht kostspielig genug sein können. Schwierig ist eine Einstellung dieser Art schon deshalb, weil es bei der Gründung nicht darum geht, möglichst gut dazustehen, sondern ums Erlernen von Sparmaßnahmen. Sie müssen Ihr Geld zusammenhalten, solange der Betrieb nicht liquide und konstant läuft. Das Thema Statussymbole will in diesem Zusammenhang erwähnt werden – nicht nur bei Unternehmern, die sehr jung sind. Kaum ist der erste Umsatz generiert, neigen viele Gründer dazu, alles auszugeben, was ihnen in die Hände fällt. Sicherlich gibt es Anschaffungen, die ein wenig ins Geld gehen und ohne die Sie Ihr Unternehmen nicht richtig führen können. Eine selbstkritische Einstellung haben allerdings nur wenige Gründer. Statt die Notwendigkeit zu hinterfragen, verstehen sie das Geld als ihr eigenes und geben aus, was immer ihnen in die Hände fällt; ein fataler Fehler, der ebenfalls zum baldigen Aus des Unternehmens führen kann.

Machen Sie sich eines bewusst: Sie müssen überzeugen, ja. Wenn Sie Statussymbole aber lediglich anschaffen, um Ihr persönliches Umfeld zu beeindrucken, dann haben Sie die falsche Einstellung zu Ihrer Selbständigkeit und sollten überlegen, ob die Gründung wirklich das Richtige für Sie ist. Im Umkehrschluss ist übertriebene Sparsamkeit ebenso schädlich fürs Geschäft. Wacklige Möbel und ein alter Dienstwagen sind definitiv nicht der richtige Weg. Ihr Unternehmen muss zuverlässig laufen, und dazu sind einige Investitionen unvermeidbar.

1. Sie verlieren das Ziel aus den Augen

Ein Unternehmen sollte sich in regelmäßigen Abständen selbstkritisch mit dem eigenen Konzept auseinandersetzen und überlegen, ob der richtige Weg eingeschlagen wurde. Ist die Nachfrage wirklich so groß, wie es der Plan vorgesehen hat? Sind Ihre Angebote möglicherweise schon wieder überholt? Wer ein Unternehmen einfach laufen lässt, muss sich über ein Scheitern nicht wundern. Es kann ein großer Vorteil sein, sich neben dem Hauptbereich um andere Dinge zu kümmern. Dabei finden sich oftmals Dienstleistungen und Produkte, die besser laufen als das bereits vorhandene Angebot. Aber: Wenn Sie von einem Produkt zum nächsten springen, kommen Sie selbst durcheinander und verlieren vor allen Dingen die Zielgruppe aus den Augen. Ob Restaurant oder Dienstleister: Es darf auf keinen Fall eine ständige Änderung des Kurses geben. Wenn doch, wird irgendwann niemand mehr an Ihre Seriosität glauben und Sie verlieren mehr Kunden als Ihnen lieb ist. Bleiben Sie Ihrem ursprünglichen Konzept also unbedingt treu – ohne dabei aktuelle Trends zu übersehen.

1. Ihr Privatleben bleibt auf der Strecke

Der Spagat zwischen Beruf und Familie ist für viele Existenzgründer eine besonders große Herausforderung. Wenn Sie jedoch Tag und Nacht arbeiten, um das Geschäft in Gang zu bringen, führt dies nicht automatisch dazu, dass Ihnen der Erfolg sicher ist. Erkrankungen wie das Burnout-Syndrom sind unter Geschäftsleuten keine Seltenheit mehr. Statt unermüdlich zu arbeiten, sollten Sie deshalb hin und wieder an Ihr Privatleben denken und sich Auszeiten gönnen. Andernfalls kann es passieren, dass Ihnen die eigene Gesundheit früher oder später einen Strich durch die Rechnung macht. Infolgedessen bleibt ebenfalls nichts weiter als das Unternehmen wieder zu schließen. Gründer, die sich allein auf den Beruf fokussieren, haben darüber hinaus noch ein weiteres Problem: Unter Umständen stehen Familie und Freunde irgendwann nicht mehr hinter der Idee und distanzieren sich. Allein sein ist gerade für Selbständige mit Familiensinn eine enorme Belastung. Deshalb leiden viele Unternehmer bedingt durch den Verlust Ihres Umfeldes an schweren Depressionen.

1. Sie treten auf der Stelle

Das Leben ist ein ständiger Lernprozess. Wer diese Tatsache vergisst, begeht einen fatalen Fehler. In den meisten Branchen ist es zwingend erforderlich, sich weiterzubilden – und zwar nicht nur einmal, sondern ständig. Sie müssen neben dem laufenden Betrieb die Zeit finden, Ihre Kenntnisse auf den aktuellsten Stand zu bringen. Fortbildungen gehören deshalb zu einer Selbständigkeit wie die Luft zum Atmen. Möchten Sie den Bereich der Buchhaltung irgendwann in die eigenen Hände nehmen, brauchen Sie nun einmal Fachwissen. Dieses lässt sich nicht durch Suchmaschinen aneignen. Besser ist es, gezielt nach Schulungen zu suchen und diese mitzumachen. Dasselbe gilt übrigens für Mitarbeiter. Wenn Sie an Fortbildungen Ihres Personals sparen, dann werden Sie mit dem Unternehmen irgendwann auf der Strecke bleiben, während Sie die Konkurrenz mit vollem Tempo überholt.

1. Sie können nicht delegieren

Jeder Unternehmer braucht ein Netzwerk, aus dem er Wissen schöpfen kann. Wenn Sie glauben, Ihr Unternehmen ohne fremde Hilfe erfolgreich führen zu können, dann liegen Sie garantiert falsch. Alles selbst schaffen zu wollen, das ist ein weit verbreitetes Phänomen unter Gründern – teilweise aus Kostengründen, aber auch, um dem Umfeld das eigene Können zu beweisen. Betriebe, in denen der Chef alles allein macht, sind nicht zwangsläufig zum Scheitern verurteilt. Wirklich helfen wird Ihnen eine solche Einstellung allerdings auch nicht. Denken Sie an Ihre Gesundheit und lernen Sie, Aufgaben an Personal, Gesellschafter oder im Rahmen von Outsourcing abzugeben.

Die vorgenannten zehn Punkte sollten Sie sich genau durchlesen, und möglicherweise erkennen Sie sich sogar in einigen davon wieder. Wenn dem so ist, dann haben Sie jetzt die Gelegenheit, an sich selbst zu arbeiten. Dies ist ohnehin der wichtigste Schritt bei der Planung eines eigenen Unternehmens. Fehlerfrei müssen Sie natürlich nicht sein. Es genügt vollkommen, aus Fehlern zu lernen und sich ein paar Ratschläge anzunehmen. Läuft der Betrieb nicht so gut wie erhofft, dann könnte es an einem der zehn Punkte liegen. Sie haben aber auch nach dem ersten gescheiterten Versuch einer Gründung jederzeit die Option, mit hinzugewonnenem Wissen neu durchzustarten.

Was, wenn ich mich verkalkuliert habe?

Rechnen ist nun wirklich nicht jedermanns Stärke. Gerade unvorhergesehene Hürden kann Ihnen nicht einmal ein Unternehmensberater aufzeigen. Doch was, wenn die Kalkulation so gar nicht aufgehen will und Sie plötzlich mit Nichts dastehen? Diese Frage müssen Sie tatsächlich schon während der Gründung aufkommen lassen – um ein böses Erwachen nach der Eröffnung des Unternehmens zu vermeiden.

Kennen Sie Murphys Gesetze? Eines der wichtigsten besagt: "Wenn etwas schiefgehen kann, dann geht es auch schief." Es ist keineswegs unser Ziel, Sie zum Optimisten zu machen. Dennoch sollten Sie den guten alten Murphy bei Ihrer Gründung im Hinterkopf behalten. Damit allein sinkt die Enttäuschung, sollte eine Kalkulation einmal nicht aufgehen. Gleich aufzugeben, wäre nicht die optimale Lösung. Die Frage ist, ob es Ihnen gelingt, Reserven zu schaffen. Im Bereich der

Kontoerklärungen erfahren Sie, dass ein geschäftliches Einnahmenkonto grundsätzlich mit einem möglichst hohen Kreditrahmen angelegt werden sollte. Je mehr Geld die Hausbank zur Verfügung stellt, desto besser. Reizen Sie das Limit möglichst nicht gleich aus und bedienen sich nur dann an dem Kredit, wenn ein Notfall eintritt. Gerade die enormen Zinsen werden bei Kalkulationen oftmals vergessen. Bittet die Bank dann zur Kassen, kann es mit der Liquidität schnell vorbei sein.

Angebote von privaten Kreditgebern respektive Banken im Internet werden Ihnen gerne mal schmackhaft gemacht. Dass aber auch diese Gelder irgendwann getilgt sein wollen, das dürfen Sie auf gar keinen Fall vergessen. Fehlkalkulationen entstehen meist dadurch, dass Sie nicht mit Schäden an Geräten rechnen, oder aber die Waren im Einkauf mit der Zeit teurer werden. Der Vorteil von Existenzgründern ist, dass Fördergelder zur Verfügung stehen. Einige Programme zahlen die Förderung nicht auf Schlag aus, sondern staffeln diese ganz bewusst. Sobald Ihre Rechnung nicht mehr aufgeht, können Sie sich an die entsprechenden Stellen wenden und um Hilfe bitten. Ebenso ist es möglich, kurzfristige Liquidität durch Mikrokredite zu schaffen. Sie müssen zwar schneller getilgt werden als ein klassisches Darlehen, können Engpässe aber ganz gut überbrücken. Vorsicht ist bei Dispo-Krediten geboten. Der geringe bürokratische Aufwand verleitet viele dazu, das Angebot gleich anzunehmen. Die Zinsen sind jedoch enorm hoch, und auch dadurch kann es passieren, dass Sie sich immer weiter in die Schuldenfalle reiten.

Ist eine Kalkulation komplett danebengegangen, würde Ihnen der erhobene Zeigefinger kaum nützen. Sie sollten vor allen Dingen eines nicht tun: den Engpass ignorieren. Je früher Sie handeln, desto größer die Wahrscheinlichkeit, doch noch Hilfe zu bekommen. Wollen Banken und Stiftungen keine Hilfe leisten, bleibt nur noch der Weg, sich privat Geld zu leihen. Im Idealfall bieten Sie Ihrem Umfeld Sicherheiten an und versuchen, diese Schulden so bald wie möglich wieder abzuzahlen. Gibt es auch in der Familie niemanden, der Ihnen aus dem Tief helfen kann, sind weitere Überlegungen anzustellen. Murphy wird sicherlich bald ein guter Partner an Ihrer Seite, denn ohne ihn wüssten Sie nicht, dass selbst die beste Kalkulation daneben liegen kann. Wo also kriegen Sie Geld her, wenn alle Versuche gescheitert sind, sich Unterstützung zu holen?

Haben Sie im Zuge der Gründung bereits Sicherheiten angeboten, so bleibt zu hoffen, dass Lebensversicherungen und Fonds in diesem Augenblick außen vor geblieben sind. Spätestens jetzt können Sie nämlich die Gelegenheit nutzen, von den übrigen Sicherheiten Gebrauch zu machen – aber bitte nur, wenn es wirklich keine Alternative gibt. Auch eine Hypothek auf vorhandene Grundstücke würde Sie aus dem Engpass herausholen; je nachdem, um wie viele tausend Euro Sie sich bei anfänglichen Berechnungen verschätzt haben.

Der Idealfall ist, dass die Rechnung auch noch nach Jahren aufgeht. Sie müssen bei Gesprächen mit Unternehmensberatern und Geldgebern immer in Erwägung ziehen, dass der Umsatz erst nach Jahren konstant fließt. Je mehr technisches Gerät Sie für die Gründung benötigen, desto höher sollte der finanzielle Überschuss sein. Rücklagen müssen ohnehin gebildet werden, doch sie allein reichen oftmals nicht aus. Wer Murphys Gesetze gelesen hat, den wundert es mit Sicherheit nicht mehr, wenn plötzlich mehrere Maschinen oder Fahrzeuge gleichzeitig ihren Dienst verweigern. Bahnt sich eine Katastrophe an, dann ist es gut, wenn Sie sich auf solche – wenn auch unwahrscheinlichen – Situationen vorbereitet und genügend Geld eingeplant haben. Kalkulationen beinhalten im Regelfall Versicherungen, die Ihnen im schlimmsten Fall dienlich sein werden. Achten Sie unbedingt darauf, die Versicherungssumme regelmäßig anpassen zu lassen. Haben Sie beispielsweise das Unternehmen erweitert und besitzen nun mehr Maschinen als bei Abschluss der Versicherung, so muss dies sofort gemeldet werden.

Das Beste ist, erst gar keine Fehler bei der Kalkulation aufkommen zu lassen. Zwar sind manche "Katastrophen" kaum vorhersehbar, doch wer mit allem rechnet, der sollte eigentlich ganz gut durch die ersten Jahre kommen. Es kann nur immer wieder empfohlen werden, sich bereits vor der Gründung einen guten Unternehmensberater zu suchen. Ohne diesen haben Sie es unglaublich schwer, wirklich alle Posten der Kalkulation im Blick zu behalten. Welche Förderungen möglich sind, wird Ihnen in diesem Zusammenhang ebenfalls erklärt. Die ersten zwei Jahre unterliegen Sie bestimmten Vorteilen, die Ihnen auch dann helfen können, wenn das Geld knapp werden sollte.

Die Kurve kriegen – geht das überhaupt?

Sollten Sie tatsächlich vor dem wirtschaftlichen Abgrund stehen, dann haben Sie immer noch die Wahl: Springen oder einen Schritt nach hinten machen. Letztere Option ist in der Regel schmerzfreier, zumal es immer Mittel und Wege gibt, sich zurück zum Erfolg zu kämpfen. Die anfängliche Euphorie der meisten Existenzgründer löst sich ganz schnell in Wohlgefallen auf, wenn erst einmal klar wird: Selbständigkeit bedeutet viel mehr Aufwand als zunächst absehbar war. Aufgeben wäre sicherlich der einfachste Weg, sollte das Kapital erschöpft sein. Es gibt jedoch wesentlich bessere – wenn auch aufwändigere – Alternativen. Das Ziel sollte nun natürlich ein wenig anders aussehen als bisher. Statt sich auf das Schreiben schwarzer Zahlen zu fokussieren, müssen Sie zunächst einmal versuchen, das Loch in der Kasse nicht größer werden zu lassen. Mit jedem Monat, der schlecht läuft, kommen weitere Schulden hinzu. Dies gilt es durch einen Notfallplan zu verhindern.

Die Gründung allein verlangt Jungunternehmern bereits jede Menge Kraft und Ausdauer ab. Kommt es obendrein zu finanziellen Engpässen, ist eine ordentliche Portion zusätzlicher Biss gefragt. Spätestens in einer solchen Situation wird sich zeigen, ob wirklich ein Unternehmerherz in Ihnen steckt. Der erste Weg führt sofort zur Unternehmensberatung. In solchen Notsituationen steht Selbständigen unter Umständen finanzielle Hilfe aus Fördergeldern zu. Ob die Gespräche mit dem Fachmann zusätzliches Geld kosten oder nicht, darf an dieser Stelle nicht relevant sein. Wenn Sie die Kurve kriegen wollen, dann werden Sie die Unterstützung durch den Unternehmensberater zwingend benötigen. Idealerweise haben Sie sich für einen Profi entschieden, der auf Notlagen dieser Art spezialisiert ist und Ihnen schnelle Wege zeigt, die Finanzen wieder aus der Schieflage herauszuholen.

Das Scheitern aus finanziellen Gründen muss Ihnen keineswegs unangenehm sein. Bekanntlich brechen mehr als 50% aller Existenzen in den ersten Jahren zusammen. Der Hauptgrund ist die falsche Berechnung anfallender Kosten. Sobald der Engpass droht, müssen Sie sich an Ihren Berater wenden – im besten Fall, bevor sich Finanzamt und andere Gläubiger mit Mahnungen an Sie wenden. Offensichtlich sind viele Gründer fest davon überzeugt, ihren Weg ohne fremde Hilfe gehen zu können. Ein guter Businessplan allein verspricht keinen Erfolg, und auch der großzügigste Kredit ist irgendwann ausgereizt. Das Motto "Wird schon schiefgehen" sollte nicht zu genau genommen werden. Immer wieder müssen sich Unternehmensberater mit denselben Fehlern Ihrer Kunden auseinandersetzen und dabei helfen, die Krise in den Griff zu bekommen.

Ein gutes Beispiel lässt sich an Unternehmern darstellen, die sich mit einem handwerklichen Beruf selbständig machen. Das Desaster bahnt sich bereits bei der Kalkulation "wahrscheinlicher" Monatsumsätze an. Herr X hat ein Malerunternehmen gegründet und ist sich sicher, monatlich problemlos 10.000 Euro zu erwirtschaften. Zum einen besaß er bereits eine Firma, bei der es vor 10 Jahren recht gut lief – bis ihn persönliche Gründe zwangen, den Traum von der eigenen Existenz aufzugeben. Zum anderen hat er sich intensiv mit Bekannten auseinandergesetzt, die ihm die 10.000 Euro bestätigen konnten. Auch sie arbeiten in der Branche und sind sich sicher: Diese Summe muss locker drin sein. Dass solche Summen realistisch sein können, steht außer Frage. Jedoch sollte nicht nur ein Betrag in den Raum geworfen werden, sondern es geht vielmehr darum, sicherzustellen, dass der geschätzte Umsatz durch verschiedene Faktoren realisierbar sind – darunter ein großer Kundenstamm, geringe Konkurrenz und dergleichen.

Die Kurve kriegen wollen vor allen Dingen solche Gründer, die schon bei den anfänglichen Kalkulationen Fehler gemacht haben. Man sollte immer vom schlechtesten Fall ausgehen und nicht damit rechnen, dass einem Kunden gleich die Waren oder Dienstleistungen aus der Hand reißen. Bis sich die Vorteile Ihrer Firma herumgesprochen haben, können gut und gerne einige Monate vergehen. Die Kalkulation muss außerdem beinhalten, wie lange Sie für einen Auftrag benötigen. Es ist nicht möglich, 10 Aufträge am Tag abzuarbeiten, wenn sich schon der erste des Tages über Stunden hinwegzieht. Besonders schlecht läuft es für die Unternehmer, die einen Festpreis mit ihren Kunden ausgemacht haben und dann weit über die vermutete Zeit hinaus kommen. Gleichzeitig sparen die meisten Gründer an der Werbung. Entsprechend lange dauert es, bis ein gewisser Grad an Bekanntheit erreicht wird. Nach und nach sinken nicht nur die Umsätze, sondern es werden auch jeden Monat weitere Schulden angehäuft; ein Teufelskreis, aus dem Selbständige nur schwer allein wieder rauskommen.

Der erste Weg, den es zu gehen gilt, führt direkt zur Hausbank. Unter Umständen haben Gründer eine Chance, den Kreditrahmen erhöhen zu lassen. Das Problem der finanziellen Schwierigkeiten lässt sich dadurch jedoch nicht in Luft auflösen – eine Tatsache, die gerne verdrängt wird. Selbst ein großzügiger Kredit kann die laufenden Kosten nicht auf Dauer abfangen. Dessen sind sich leider nicht alle Gründer bewusst. Solange kein Geld reinkommt, wird der Rahmen früher oder später ebenfalls erschöpft sein. Wer sich nun noch immer keine Hilfe bei einem Unternehmensberater holt, der kann im Endeffekt nichts weiter tun als Insolvenz anzumelden und sich vom Traum der Selbständigkeit zu verabschieden. Sicherlich gibt es für diejenigen, die in der Situation stecken, kaum noch Hoffnung auf einen Ausweg. Der so genannte Turnaround, also der Weg zurück in ordentliche Bahnen, ist aber gar nicht so ausweglos wie man glauben würde. Sie müssen in so einem drastischen Fall nur klar haben, dass Sie es ohne professionelle Hilfe nicht mehr schaffen können. Damit allein ist der erste Schritt bereits geschafft.

Am Anfang des Turnarounds steht eine ausführliche Analyse. Dem Gründer muss bewusst gemacht werden, wo die Probleme liegen, wie es um die finanzielle Situation bestellt ist und warum die zunächst aufgestellte Kalkulation dermaßen danebengelegen hat. Ein Unternehmen wirtschaftet sich nicht einfach so in tiefrote Zahlen. Es gilt also, den Ursachen auf den Grund zu gehen und diesen etwas entgegen zu stellen. Eine Strategie zu erarbeiten, kann mitunter einige Wochen in Anspruch nehmen. Wie diese aussieht, hängt von den grundlegenden Problemen ab, die im Unternehmen vorherrschen; und nicht zuletzt davon, wie tief der Unternehmer bereits in die Schuldenfalle gerutscht ist. Zeigen sich Banken und andere Geldgeber nicht mehr gesprächsbereit, dann gestaltet sich der Weg in eine bessere Zukunft umso schwieriger. Sind lediglich mangelhafte Kalkulationen oder das Ausbleiben von

Kunden schuld an der Lage, wird die Strategie entsprechend anders aufgebaut.

Der Versuch, die Bank allein zum Helfen zu bewegen, scheitert regelmäßig. Treten Sie hingegen mit einem Fachmann auf, der sich auf Krisen im Betrieb spezialisiert auf, fallen die Reaktionen der Sachbearbeiter in der Regel deutlich besser aus. Man darf nicht vergessen, dass auch der Bank daran gelegen ist, ihr Geld zu bekommen. Rote Zahlen bringen den Kreditgeber im Endeffekt nicht weiter. Ein offenes Gespräch bewirkt in solchen extremen Situationen Wunder, zumal Gründer und junge Selbständige recht gut durch Fördergelder unterstützt werden. Lässt sich die Bank auf eine Ausweitung des Kreditrahmens unter bestimmten Voraussetzungen ein, so lässt sich eine Basis für weitere strategische Züge aufbauen – allen voran für Werbemaßnahmen, um endlich die erhofften Kunden für sich zu gewinnen. In Zusammenarbeit mit dem Sachbearbeiter und einem erfahrenen Unternehmensberater ist es deshalb zumindest möglich, die Krise zu bewältigen und im letzten Moment doch die Kurve zu kriegen. Idealerweise wenden Sie sich so früh es geht an Ihre Berater, denn je schneller eine drohende Krise abgewandt wird, desto einfacher für alle Beteiligten.

Wie streng sind Finanzamt und Geldgeber wirklich?

Faktisch haben Banken und Finanzämter kein Geld zu verschenken. Dass beide Institutionen Strenge walten lassen, wenn es ums Eintreiben offener Schulden geht, steht deshalb außer Frage. Sie sollten also zwingend genug Geld zurücklegen, um es sich gerade mit diesen beiden Stellen nicht zu verscherzen. Manchmal kommen Gründer und Jungunternehmer jedoch in die missliche Lage, zahlungsunfähig zu werden. Wir möchten im Folgenden aufzeigen, was in einer solchen Situation zu tun ist und wie Sie großen Ärger vermeiden können.

Tipp 1: Reden ist Gold

Wer in die Situation gerät, kein Geld für anstehende Steuern oder aber für offene Kredite angespart zu haben, der neigt oftmals dazu, den Kopf gleich in den Sand zu stecken. Dabei ist gerade das ein fataler Fehler. Warten Sie auf gar keinen Fall ab, bis die ersten Mahnungen oder gar Vollstreckungsbescheide ins Haus flattern. Sowohl das Finanzamt als auch Kreditgeber sind in der Regel gesprächsbereit, wenn Sie sich von allein und frühzeitig an diese Stellen wenden und erklären, warum Sie nicht zahlen können. Offenheit wird auch in der heutigen Zeit geschätzt. Stellen Sie dar, wie es zur Zahlungsunfähigkeit kommen konnte und welche Wege Sie sehen, die offene

Schuld in einem überschaubaren Zeitraum doch noch abzuzahlen. Möglicherweise brauchen Sie lediglich ein paar Monate mehr als vorgesehen, oder aber Sie vereinbaren eine Stundung.

Tipp 2: Fragen Sie um Rat

Steuerberater sind ebenso wie Unternehmensberater eine wichtige Anlaufstelle, wenn Ihnen Schulden über den Kopf wachsen. Sobald feststeht, dass laufende Kosten aus Krediten und Steuern nicht mehr ohne Probleme getilgt werden können, sollte ein Fachmann zur Stelle sein, der Ihnen den Ausweg aus dieser Lage zeigt. Der große Vorteil ist, dass sich Finanzämter ebenso wie Banken eher auf einen Kompromiss einlassen, wenn deutlich wird, Sie sind nicht allein mit diesem Problem. Steuerberater können beim Finanzamt als seriöse Vermittler dienen. Sie erreichen erfahrungsgemäß mehr als ein junger Unternehmer, der überhaupt keine Ahnung hat, wie er aus der Sache herauskommen und welche Optionen er anbieten soll.

Tipp 3: Zeigen Sie sich zahlungswillig

Der größte Fehler, den Sie bei Zahlungsunfähigkeit machen können: sich verkriechen. Genau das sollten Gründer generell nicht tun, denn die Probleme lösen sich kaum in Luft auf, nur weil man als Schuldner keinerlei Reaktion zeigt. Sie müssen dazu stehen, dass Sie die angefallenen Kosten nicht sofort bewältigen können. Gleichzeitig sollten Sie einen Vorschlag zur Güte machen, der das Finanzamt und auch den Kreditgeber überzeugt. Banken haben, sofern Sie sich früh genug melden, immer die Möglichkeit, Raten auszusetzen oder zu senken – zumindest für einen gewissen Zeitraum. Ähnlich verhält es sich mit dem Finanzamt. Solange Sie Ihren Willen deutlich machen, wird Ihnen ganz bestimmt niemand den Kopf abreißen.

Tipp 4: Nicht unter Druck setzen lassen

Haben Sie Ihre Bereitschaft gezeigt, die Kurve kriegen zu wollen, dann können Sie in der Regel ein Entgegenkommen von den Gläubigern erwarten. Da aber gerade diese beiden Stellen oftmals schlechte Erfahrungen mit Schuldnern gemacht haben, werden schwere Geschütze aufgefahren. Sie sollten sich keineswegs unter Druck setzen lassen, sondern versuchen, einen kühlen Kopf zu bewahren. Die Angst vor Pfändungen ist natürlich nicht ganz unbegründet. Allerdings kann man Ihnen nichts wegnehmen, was Sie nicht haben. Sofern Sie zahlungswillig sind und dazu Hilfe von einem Steuerberater in Anspruch nehmen, lösen sich solche Schwierigkeiten in den meisten Fällen auf und Sie können bald wieder aufatmen. Letztlich bringt es den Gläubigern nichts, Sie in eine Insolvenz zu zwingen. Dann nämlich blieben Finanzamt und Bank auf den Kosten sitzen.

Tipp 5: Halten Sie sich an Vereinbarungen

Das Entgegenkommen Ihrer Gläubiger sollten Sie auf gar keinen Fall ausreizen. Sofern es möglich ist, eine Stundung der Schulden durchzusetzen und die Raten auf ein Minimum zu reduzieren, dann muss Zuverlässigkeit bei den monatlichen Zahlungen eine Selbstverständlichkeit sein. Wenn Sie selbst dieses Entgegenkommen ausnutzen und sich nicht an das Abkommen halten, werden die noch offenen Schulden sofort fällig. Spätestens dann bekommen Sie die ganze Härte der Gläubiger zu spüren und müssen mit weitreichenden Konsequenzen rechnen.

Fazit: Die Angst vor dem Finanzamt und auch vor Kreditgebern ist nicht vollkommen unbegründet. Gut Kirschen essen ist mit solchen Stellen nur, solange Sie Ihren Verpflichtungen ordentlich nachkommen. Aber auch eine wirtschaftliche Krise bedeutet noch lange nicht, dass Sie abgeführt und ins Gefängnis verbracht werden. Oftmals wird Gründern viel Angst gemacht, und tatsächlich sind gerade die Finanzämter ein harter Gegner bei Verhandlungen. Dennoch gibt es immer Wege, die beide Seiten zufriedenstellen und mit denen Sie auch dann leben können, wenn die finanzielle Lage einmal aus dem Gleichgewicht geraten sollte. Vor allen Dingen muss den Gläubigern verdeutlicht werden, dass Sie die Schulden nicht bewusst angehäuft haben, sondern dass äußere Umstände der Grund sind. Wer absichtlich und immer wieder in Rückstand gerät, der muss sich nicht wundern, wenn die Gläubiger irgendwann schwere Geschütze auffahren und Konsequenzen aus dem Verhalten ziehen.

Wer in Zahlungsschwierigkeiten gerät, sollte neben den vorgenannten Gläubigern unbedingt auch an Lieferanten, Partner und Gesellschafter denken. Gesetz dem Fall, Sie führen eine Kneipe und können die Waren nicht mehr bezahlen, werden Sie in noch größere Schwierigkeiten geraten. Mithilfe einer Unternehmensberatung ist es wesentlich einfacher, die Kosten im Blick zu behalten und bei der Kalkulation zu berücksichtigen, welche Geldausgänge die höchste Priorität haben. Sofern es irgend möglich ist, beginnen Sie bereits im ersten Geschäftsjahr damit, dem Finanzamt Vorauszahlungen zukommen zu lassen. Teilen Sie dem dortigen Sachbearbeiter mit, welches Einkommen Sie vermutlich erreichen werden. Zwar fallen Vorauszahlungen üblicherweise erst ab dem zweiten Geschäftsjahr an, doch die Doppelbelastung können Sie durch frühzeitige Zahlungen deutlich senken. Je genauer die voraussichtlichen Umsätze und daraus resultierende Steuern bei der Gründung berechnet werden, desto kleiner ist die Schuldenlast am Ende des ersten Jahres.

Lassen sich Fehler im Vorhinein vermeiden?

Betriebliche Fehler und finanzielle Probleme auszubügeln, ist logischerweise deutlich schwerer als sie gar nicht erst aufkommen zu lassen. Aber kann man wirklich präventive Maßnahmen ergreifen, um erst gar nicht in eine wirtschaftliche Krise zu geraten? Ja, man kann! Dazu ist es allerdings erforderlich, den eigenen Stolz abzulegen und nicht alles allein schaffen zu wollen. Wer sich vom ersten Tag an – also schon bei der Planung des Konzepts – um professionelle Unterstützung kümmert, der hat in jedem Fall bessere Chancen, sein Unternehmen erfolgreich aufzubauen und gerade in wirtschaftlicher Hinsicht keine weitreichenden Fehler zu begehen.

Einen Berater sollten Sie unbedingt schon vor der geplanten Gründung suchen. Idealerweise wenden Sie sich an Unternehmen, die entweder von der KfW oder von Stiftungen gefördert werden. Im schlechtesten Fall zahlen Sie dann nämlich nur noch rund die Hälfte der Beratungskosten – anstatt die komplette Summe allein auf sich zu nehmen. Arbeitslose, die sich selbständig machen, werden sogar noch umfassender gefördert. Dass der Berater Ihnen nicht gleich mit absoluter Euphorie begegnen und teilweise auch unangenehme Fragen stellen wird, muss im Vorfeld klar sein. Diese Stellen sind nicht dazu gemacht, Beifall zu klatschen und Sie in Ihren Plänen zu bestärken. Vielmehr geht es ums Aufspüren essentieller Denk- und Kalkulationsfehler und darum, einen funktionierenden Business-Plan zu erstellen – einen, mit dem Sie garantiert die ersten Jahre gut über die Runden kommen werden.

Eine kurzfristige Beratung durch solche Institutionen genügt nicht. Auch langfristig sollten Sie auf das Know-how Ihrer Sachbearbeiter vertrauen. Läuft das Unternehmen an, gehen Sie regelmäßig dorthin und vergleichen die geplanten Zahlen mit den tatsächlichen. Umso früher lassen sich bei der Kalkulation und dem Geschäftskonzept Änderungen vornehmen, die wegweisend sind. Je später Sie auf Defizite in der Kalkulation reagieren, desto schwieriger ist es, sich den vorherrschenden Bedingungen anzupassen und dem erklärten wirtschaftlichen Ziel nahezukommen.

Die weitverbreitete Meinung, Unternehmensberater stehen Gründern lediglich vor der Geschäftseröffnung zur Verfügung, ist ein Irrglaube. Es gibt Firmen, die sich auch noch nach Jahren an einen Berater wenden – beispielsweise, wenn Änderungen im Betrieb anstehen oder die Zahlen nicht so gut aussehen wie erhofft. Ein Anrecht auf Hilfe haben Sie folglich jederzeit. Es liegt bei Ihnen, die Unterstützung anzunehmen. Einige Jahre nach der Gründung stehen Ihnen außerdem weitere Gelder von Förderbanken zu, die Sie für eine ausführliche Beratung nutzen können.

Schlusswort

Selbständig werden und selbständig sein sind die beiden größten Herausforderungen, denen Sie sich im Leben stellen können. Wer ein Unternehmen gründet, verlässt den einfachen Weg des Angestelltenverhältnisses und kann durchaus davon profitieren. Bis der Betrieb nach Plan läuft, müssen jedoch sehr viele Hürden genommen werden. Damit Sie auch in stürmischen Zeiten nicht den Mut verlieren, sollten Sie dieses Buch als Ihren ständigen Begleiter ansehen und sich der Informationen bedienen, die wir für Sie zusammengestellt haben.

Sicherlich gibt es noch mehr Themen, mit denen Sie sich als Gründer auseinanderzusetzen haben. Sie alle aufzulisten und zu durchleuchten, würde jedoch jeden Rahmen sprengen. Es genügt für den Anfang vollkommen, sich mit den vorgenannten Bereichen zu befassen und sich klar zu machen: Sie sind nicht allein mit Ihrer Planung! Professionelle Hilfe wird in jedem Bundesland und sogar länderübergreifend angeboten. Darauf zu verzichten, ist bereits einer der größten Fehler, die Sie bei der Existenzgründung machen können.

Unsere Informationen sollen Ihnen aber vor allen Dingen dazu dienen, sich Gedanken über Ihre Willensstärke zu machen. Sind Sie auch nach den vielen Themenbereichen noch fest davon überzeugt, sich selbständig machen zu wollen, dann erfüllen Sie bereits die wichtigsten Voraussetzungen. Verzweifeln Sie nicht, sollte einmal etwas schieflaufen. Es gibt immer Mittel und Wege, Krisen zu überstehen. Sicherlich sind die ersten drei bis fünf Jahre kein Spaziergang, doch je länger Sie am Ball bleiben, desto einfacher gestaltet sich das Unterfangen "Selbständigkeit" – und desto erfahrener sind Sie für weitere Projekte, die im Leben auf Sie warten.

Nachdem Sie die wesentlichen Faktoren einer Gründung kennengelernt haben, bleibt Ihnen Zeit, nachzudenken. Sind Sie bereit, allen Hürden zu trotzen und die viele Stunden Arbeit auf sich zu nehmen, die täglich auf Sie zukommen werden? Brauchen Sie kaufmännische Unterstützung und haben Sie alle Eventualitäten bei Ihrer bereits begonnenen Planung bedacht? Wenn dem so ist, dann steht einer sicheren Existenz nicht mehr viel im Wege. Sie müssen lediglich die Traute haben, sich auch schweren Zeiten entgegenzustellen und zu kämpfen, wenn ein Plan nicht so funktioniert wie erwartet. Je mehr Durchhaltevermögen Sie beweisen, desto wahrscheinlicher ist es, zu den knappen 50% zu gehören, die aus einer Idee ein Imperium erschaffen haben.

Eine der wichtigsten Tugenden bei jeder Gründung ist Geduld. Überstürzen Sie nichts und nehmen Sie sich Zeit, den Businessplan zu erarbeiten. Jeder Selbständige möchte natürlich so schnell es geht mit der Arbeit beginnen, doch vor der Aufnahme stehen viele Dinge an, die erledigt werden wollen. Je mehr Geduld Sie in der Gründungsphase und auch in den Monaten danach aufbringen, desto besser. Und noch etwas: Setzen Sie Ihre Erwartungen gering an. Umso größer die Freude, wenn das Unternehmen nach einiger Zeit deutlich besser läuft als Sie es eingeplant haben. Umgekehrt würde lediglich Frust entstehen, und als Konsequenz geben schon im ersten Jahr viele Gründer auf.

Unser Buch können Sie gerne weiterempfehlen und auch denen an die Hand geben, die ähnliche Pläne haben wie Sie selbst. Sich Zeit zum Lesen zu nehmen, das ist bereits ein erster guter Schritt in die richtige Richtung. Schließlich möchten wir, dass Sie zu den Gewinnern im Bereich Existenzgründung gehören und sich schon bald ein angenehmes Leben ohne Chef erlauben können. Zweifel, ob Sie das Zeug zum Unternehmer haben und Ihre Träume erreichen, sind übrigens vollkommen normal. Sofern Sie Ihr Ziel fest vor Augen behalten, räumen sich diese früher oder später ganz von selbst aus.

Impressum

Der Autor: Friedrich Ebert

Der Verlag: Taurus Ventures GmbH, Frankfurter Weg 27, 33106 Paderborn. Geschäftsführer: Max Klinger, Telefon: 05251-2020270, USt-ID: DE295931222, Handelsregister HRB Paderborn 11487

www.ingramcontent.com/pod-product-compliance
Lightning Source LLC
Chambersburg PA
CBHW070313190526
45169CB00005B/1615